중학교
Philosophy
철학4

중학교 Philosophy 철학4

| 김준식 |

교육과학사

머리말

1.

중학교 철학 3 - '인식의 그림자'를 출판사로 넘기기 전에 쇼펜하우어(Arthur Schopenhauer, 1788년~1860년)를 말미에 언급할까 말까를 두고 한동안 고민을 했다. 그의 책 『Ueber die vierfache Wurzel des Satzes vom zureichenden Grunde』(충분근거율의 네 겹의 뿌리에 관하여)는 인식론의 중요한 기점이었기 때문에 칸트 다음에 이야기를 해야 한다는 생각과, 이 책이 지나치게 난해하고 더불어 칸트의 이야기를 뒷받침하고 정당화하는 이야기라 굳이 서술할 필요가 없다는 생각이 내내 상충하였다.

결국 쇼펜하우어는 『중학교 철학 4』의 맨 앞에 위치하는 것으로 마음을 굳혔으나 안타깝게도 이 책, 『충분 근거율의 네 겹의 뿌리에 관하여』에 대한 언급은 없을지도 모른다. 왜냐하면

『중학교 철학 4』는 칸트 이후의 근대 철학을 중심으로 이야기를 풀어나가려고 고민 중인데 쇼펜하우어의 이 책은 이미 다룬 인식론의 이야기이기도 하지만 쇼펜하우어의 또 다른 저작 『Die Welt als Wille und Vorstellung』(의지와 표상으로서의 세계)이 니체(Friedrich Wilhelm Nietzsche, 1844년~1900년)와 연결고리인지라 『충분 근거율의 네 겹의 뿌리에 관하여』는 자연스럽게 이야기에서 빠지게 될 것 같다.

그리고 결론적으로 쇼펜하우어 자체가 빠지게 되었다. 이유는 이러하다. 쇼펜하우어의 『충분 근거율의 네 겹의 뿌리에 관하여』까지는 인식론의 문제를 다루고 그 후 칸트 윤리학의 비판에서부터 윤리학으로 경도되는 분위기여서 실존의 문제를 다루려는 『중학교 철학 4』의 취지를 벗어났기 때문이다. 물론 쇼펜하우어의 이야기는 철학적으로 중요한 내용이 많아 반드시 한번은 다루어야 한다는 부담을 지게 되었다. 대신 『중학교 철학 4』의 서두는 키르케고르(Søren Kierkegaard, 1813~1855)로 시작할 것이다.

2.

2023년 9월 1일, 진주고등학교 교무실에 한때 교장이었던 나는, 다시 본래 자리 교사로 되돌아와 있었다. 여러 가지 문제들을 마주하겠지만 정년까지 좋은 선생이 되기를 기원하면서.

9월 4일쯤, 교장으로 재임하던 지역의 우체국장께서 난초 화분을 보내셨다. 심지어 영전이라는 리본까지 달았는데, 교장에서 교사로 돌아온 것이 영전인가? 약간 어이없는 가운데 난초 화분을 둘 공간도 애매했다. 교장이야 독립 공간이 보장되지만 교사는 공유 공간이라 난초 화분을 둘 곳이 적절하지 않아 책상 책꽂이 위에 두어야만 했다. 심지어 당시에는 주신 분의 마음을 헤아릴 여력도 없었던 터라 속으로 생각하기에 '먹을 것이나 주시던지'라고 생각했다.

2023년 겨울방학을 앞두고 걱정이 생겼다. 교사는 학교에 나오지 않는 기간이 제법 있으니 난초 화분을 돌볼 수가 없었다. 살아 있는 난초 화분을 죽일 수도 없고, 또 이것을 집으로 가져가기도 좀 그렇고 해서 하는 수 없이 일주일에 한번 나오는 것으로 마음을 먹었다.

2024년 봄, 지난겨울 잘 보살펴 준 덕인지 새로운 촉이 여러 개 올라왔다. 살아가는 것이 기쁨은 미량이고 대체로 슬픔이나 회한, 그리고 답답함인데 난초의 작은 촉이 나에게 주는 기쁨은 참으로 컸다.

그리하여 7월이 되자 이번에는 놀랍게도 꽃대가 보이는 것이 아닌가! 본래 학교에 배달되어 오는 난초 화분의 수명은 길어야 5개월인데 1년이 다 되어가는 시기에 꽃대를 올리다니…… 물론 분갈이도 해 주었고, 물도 기간을 잘 지켰고, 더러 비 내리는 날에는 하염없이 비를 맞게 하였지만 이렇게 꽃대를 올릴 줄은 (그것도 두 대나) 꿈에도 몰랐다. 말 없는 난초지만 우리는 자주 이야기했고(주로 나의 마음을 토로했고) 난초는 그 이야기에 새촉으로, 그리고 꽃대로 화답한 것이다.

불교에서 식물은 6도(지옥, 아귀, 축생, 아수라, 인간, 천상) 윤회를 하지 않는 것으로 되어 있다. 하여 인간이 식물을 섭생할 수 있는 길을 열어 놓았다. 6도 윤회를 하지 않는다는 것은 연기에 지배당하지 않음이요, 동시에 인연이 없으니 죽고 사는 문제에서 자유로울 수 있다. 하지만 나는 식물도 인연의 법칙이 적용되는 것이 아닌가 하는 희미한 의심을 늘 지울 수 없다.

드디어 여름 방학 이틀 전 꽃망울이 팽팽해졌다. 아마도 방학하고 2~3일 이내에 터질 것으로 추정되었다. 7월 19일 방학을 했고 7월 23일쯤에는 만개했으리라는 짐작으로, 아름다운 꽃을 만나러 학교에 갔더니 영롱하고 귀한 꽃이 피어있었다.

『중학교 철학 4』의 주제인 실존의 문제에 이 찬란한 꽃을 대입시켜본다. 이 꽃은 '실제實際(Truth)'인가? 아니면 '실재實在(Reality)'인가? 혹은 '실체實體(Substance)'인가? 또 혹은 '실존實存(Existence)'인가?

'실제'는 사실의 경우나 형편의 의미로 사용하고 '실재'는 실제로 존재함, 즉 '본질', '존재', '본체', '내용' 등의 의미로 사용된다. '실체'는 실제의 물체, 또는 외형에 대한 실상이며 '실존'은 실제로 존재하거나 또는 그런 존재다.

난초 꽃은 '실제'이며 '실재'이고 '실체'이며 '실존'이다. 하지만 미묘한 차이가 있기는 하다. 내 책상 책꽂이 위에 있는 난초가 꽃을 '피운' 것은 '실제'다. 그리고 그 꽃 '자체'는 '실재'다. 동시에 난초라는 이름과 그 이름으로부터 도출된 '난초 꽃'은 '실체'다. 그리고 화분에 심겨 있는 난초와 그 난초로부터 피어난 꽃, 그 전체가 '실존'이다. 그 실존에 대한 이야기를 『중학교 철학 4』에서 해 보고자 한다.

3.

『중학교 철학 4』의 원고가 거의 끝나간다. 『중학교 철학 1, 2, 3』은 각각 부제가 있다. 1권은 '자유, 이성, 권력'이고 2권은 '변증의 산맥'이며 3권은 '인식의 그림자'다. 4권의 최초 부제는 '실존의 굴레'였다. 하지만 이 굴레가 계속 마음에 걸렸다. 1월 초부터 걷는 동안에는 내내 이 부제만 생각하고 또 생각했다.

드디어 오늘 새벽…… 걷기를 마치고 돌아올 때쯤, 희미한 별빛을 보고 문득 '등대'를 떠올렸다. 그래 '실존의 등대'로 하자! 집에 돌아와 구글에서 '실존의 등대'를 검색해 보니 다행히 이런 부제나 제목의 책이 없다. 다행이다.

'굴레'가 마음에 걸렸던 것은 속박의 의미가 크다는 것이다. 사실 '실존'이라는 단어 자체가 엄청난 속박의 의미를 가지고는 있다. 거기다가 '실존의 굴레'를 다시 책의 부제로 쓰기에는 처음부터 구속과 제한의 느낌이 너무 강하다. 그래서 한사코 다른 단어를 찾아보았으나 여러 단어가 입에서 맴돌 뿐, 1월을 허비하고 말았다. 2월이 되고 중순이 넘어서야 마침내 '등대'를 떠올렸고, 마침내 '실존의 등대'를 책의 부제로 정할 수 있게 되었다.

'등대'의 핵심은 어두운 밤에 항해하는 배들의 안내를 위한 불빛이다. 일종의 기점이다. 내가 쓰는 『중학교 철학 4』의 주제는 실존인데 매우 난해한 세계다. 이유는 자명하다. 보이지 않는 것을 보이는 것처럼 설명하려고 하니 말이 말을 잇고 또 그 말이 그 말을 잇는다. 하여 앞뒤가 섞이고 본말이 전도되기 십

상이다. 내재된 단어의 의미와 표창된 단어의 의미가 혼란스럽다. 글을 읽는 독자들은 그 의미에 휘둘리기 마련이다. 많은 철학자들이 이 문제를 거론하지 않는 이유는 실존이 요즘 세상에 그렇게 긴요한 철학도 아닌 데다가 난해하여 자신의 해석이 자칫 다른 사람들의 공격의 빌미가 될 가능성이 농후하기 때문에 번역서도 흔하지 않고 또 자주 번역되지도 않는다.

하지만 변방의 독립연구자인 나는 그런 점에서 비교적 자유롭다. 다른 의견이 있다면 충분히 검토한 후 겸허히 수용하여 보충하면 될 일이다. 이번 실존 이야기도 앞의 세 권의 책만큼이나 의미 있는 작업이 될 듯하다. 매우 난해한 것을 그래도 조금은 쉽게 풀이해 보고자 안간힘을 썼고 마침내 내가 정한 목차만큼 정리되었다고 자부한다.

그래서 등대라는 말이 더욱 중요하다. 어차피 등대는 세상 전체를 환하게 할 수는 없다. 그저 여기가 등대라는 것, 그리고 위험하니 조심하라는 안내일 뿐이다. 나의 『중학교 철학 4』 '실존의 등대'가 딱 그런 역할이었으면 좋겠다.

2025년 3월 17일 다시 쌀쌀해진 봄, 월요일 아침

진주고등학교 교무실에서 중범 김준식

차 례

철학 교육을 위한 제언

교실에서 이루어지는 모든 수업이 그러해야겠지만 철학 수업의 대전제는 인간 본성의 위대함에 대한 무한한 신뢰로부터 출발해야만 한다.

아이들은 빛나는 영혼을 가졌지만 언제나 흔들리는 꽃들이다. 흔들릴 뿐만 아니라 그 영혼들의 빛은 여러 가지 상황에 의해 자주 가려지기도 한다. 스스로에 대한 탐구가 자신이 가진 영혼의 빛을 발견하는 방법 중 가장 최선인데, 지금 아이들이 받는 교육과 그 바탕이 되는 학교와 사회는 그 영롱한 빛을 찾게 하는 것과는 무관하게 흘러가고 있다. 오히려 그 빛을 찾으려는 노력을 위계적 질서와 성과 중심의 구조를 통해 방해하고 있는 느낌이다.

지난 2020년부터 2023년까지 중학교 아이들에게 철학 교육을 해 보면서 중요한 점을 깨달았다.

동서고금의 어떤 어려운 철학적 의제라도 아이들을 설득하고 이해시킬 수 있다는 사실이었다. 이유는 간단했다. 앞서 이야기한 것처럼 이미 아이들의 심성 속에는 인간 본성의 위대함이 있기 때문이다.

물론 여기에는 수업을 하는 교사의 능력이 중요한 요소이기는 하다. 교사의 지속적인 공부와 노력도 필요하지만 그보다 더 중요한 것은 위에서 말한 아이들이 가지는 인간 본성의 위대함에 대한 무한한 신뢰가 더 중요하다고 생각한다.

이런 기초하에 초등 교실에서부터 아이들에게 철학을 이야기해야 하고 그것은 또한 중고등학교로 자연스럽게 연결되어야 한다. 몸과 마음이 성장하면서 사회의 태도와 가치를 습득해 나가는 중고등학생들에게 철학 공부나 수업은, 진정한 자아를 확인하고 빛나는 자신의 영혼을 발견하는 가장 좋은 방법들 중 하나이다.

2300년 전 그리스의 위대한 철학자 아리스토텔레스는 그의 책 『De Anima』(영혼에 대하여, c. 350 B.C.)에서 인간의 영혼에 대하여 이야기하면서 '타불라 라사'라는 이야기를 처음 꺼

낸다. 'Tabula rasa'* 란 'clean slate(빈 석판)'라는 뜻의 라틴어인데 여기에는 단순히 '비어있다'라는 의미와는 다른 의미가 숨어있다.

'아리스토텔레스'를 세상에 알린 사람들 중 가장 지대한 공헌을 한 사람은 놀랍게도 페르시아의 철학자 '이븐 시나'(980년~1037년 영문 'Avicenna-아비센나', 혹은 '푸르시나'로도 불린다.)였다. 그는 아리스토텔레스의 많은 저작을 재해석하였고 특히 『De Anima』의 '타불라 라사'를 이렇게 재해석했다. "인간의 지성은 태어날 때부터 빈 석판과 비슷하여 교육과 개인이 알게 될 내용에 의해 작성될 잠재력을 지니고 있다."

물론 스토아학파의 주장인 "사람은 태어날 때부터 무언가 쓰일 수 있는 빈 종이 같은 마음을 지니고 있다."라는 말의 재해석으로 볼 수도 있지만 '이븐 시나'의 '타불라 라사'에 대한 해석은 르네상스 이후 서양의 철학자들에게 많은 영감을 주었음에 분명하다.

철학 수업은 우리 아이들이 스스로 그 빈 공간을 발견하고 자신의 세계를 구상하게 하는 능력을 부여할 수 있는 방법 중 가

* 『중학교 철학 3』 제5장 인식의 그림자 제2절 '테아이테토스'와 제4절 '인식의 그림자'에 상세하게 기술되어 있음.

장 유력한 것이며, 동시에 빛나기는 하지만 흔들리는 자신의 영혼을 균형 있게 유지할 수 있는 방향과 능력을 제공할 수 있는 가장 타당한 방법일 것이라고 생각한다.

제6장
실존의 등대

제1절 키르케고르[1)]

1. 키르케고르의 삶

키르케고르(Søren Aabye Kierkegaard, 1813년~1855년)는 덴마크의 신학자, 철학자, 시인, 사회 비평가이다. 그는 거의 기존의 모든 것에 대한 비평적 글을 썼는데 글의 방식은 은유, 역설, 그리고 우화적 방법을 사용하였다. 그의 생각은 추상적인 것보다는 구체적인 것을, 인간과 삶의 일반적인 현상보다는 개별적 존재로서 개인이 가진 선택권과 그 선택에 따른 헌신을 강조하였다.

키르케고르는 코펜하겐의 부유한 가정에서 7남매의 막내로 태어났다. 어머니는 아버지의 두 번째 부인이었는데, 첫 번째 부인의 와병 중에 간호를 했던 하녀였다. 그의 아버지인 미하엘 페데르센 키르케고르(Michael Pedersen Kierkegaard, 1756년~1838년)는 덴마크와 독일에 걸쳐져 있는 윌란 반도의 부유한 양모 상인이었다. 그는 매우 엄격하고 신앙심이 독실하다 못해

1) 여러 가지 조건과 상황을 두고 키르케고르를 책의 모두冒頭에 두는 것은 그의 철학이 실존으로 가는 시작점과 가장 잘 어울릴 뿐 아니라 그의 삶이 실존의 양면성과 딜레마를 너무나 극명하게 보여 주었기 때문이다.

지나쳤는데 어린 키르케고르에게는 그 점이 일생의 트라우마로 작용하게 된다. 즉 그의 아버지가 마치 성서에 나오는 아브라함처럼 신앙 때문에(이삭처럼) 자신을 희생시키지는 않을까 하는 다소 병적인 상황인식에 따라 평생 아브라함과 이삭의 이야기에 사로잡혀 지냈다.

키르케고르의 아버지는 겉모습은 건조한 듯했지만 마음으로는 언제나 활발한 상상력을 가진 인물이었다. 그 증거로서 그는 철학에 관심이 있었고 지식인들을 종종 자신의 집에 초대했다. 키르케고르는 이런 아버지로부터 직접 교육을 받았다. 아버지의 집착에 가까운 신앙생활과 엄격한 교육 덕에 어린 키르케고르는 모든 부정한 것과 치기로부터 단절된 채 거의 애늙은이로 성장하게 된다.

키르케고르의 형제들이 이런저런 이유로 어린 나이에 죽게 되면서 그는 자신도 그렇게 될지도 모른다는 막연한 죽음에 대한 불안은 커져 갔고 마침내 키르케고르와 그의 형만 남게 된다. 이때 그의 아버지가 죽게 되자 키르케고르는 다른 형제들처럼 자신이 아버지보다 먼저 죽지 않았다는 사실에 오히려 놀라게 된다. 그의 나이 25세 되던 해였다.

아버지가 죽기 전 21세의 키르케고르는 일생의 연인 레기네

올센(Regine Olsen, 1822년~1904년)을 만나게 된다. 여러 과정을 거쳐 레기네와 약혼을 하기로 한 키르케고르는 어느 날 갑자기 레기네에게 파혼을 통보하게 되는데 이때부터 키르케고르의 기괴하지만 새로운 삶이 펼쳐진다. 파혼한 이유로 키르케고르가 밝힌 이유는 "신神께서 결혼을 반대했다"는 다소 엉뚱한 이야기를 했다고 전해진다.[2)]

키르케고르는 그 후 덴마크를 떠나 독일로 가서 셸링[3)]의 헤겔 철학 강의를 듣게 된다. 이 시기에 그의 역작 『두려움과 떨림』(덴마크어 Frygt og Bæven, 영어 Fear and Trembling, 1834)을 출간한다.

2) The Journals of Kierkegaard, 1834–1854. Trans. and ed. Alexander Dru, London: Fontana Books, 1969.

3) 셸링(Friedrich Wilhelm Joseph von Schelling, 1775년~1854년).

2. 키르케고르의 가명들

Victor Eremita: 은둔자 빅토르, Constantin Constantinus: 변함없는 콘스탄틴, Johannes Climacus, Anti-Climacus: 사다리를 오르는 요하네스, Nicolaus Notabene: 잘 적는 니콜라우스, Hilarius Bookbinder: 재미있는 편집자, Johannes de silentio: 침묵의 요한 등.

키르케고르는 자신의 본명으로 책을 낸 적은 거의 없다. 위에 있는 다양한 가명을 써서 책을 발간했는데, 이것은 당시 기준으로 대중에게 전달하기 어려운 것을 전달하는 간접전달방식으로서 키르케고르가 소크라테스에게 영감을 받아 소크라테스의 '반어법'을 차용하는 방식으로 고안해 낸 방식이었다. 하지만 책의 내용이 워낙 특이하여 책을 보는 독자들은 모두 단번에 키르케고르의 작품임을 알았다고 전해진다.

3. 키르케고르의 논리 전개 방법

1) 간접 전달법

키르케고르가 남긴 여러 저작에서 제시한 핵심 키워드 중 하나는 '진리'이다. 키르케고르는 진리를 주체성으로 파악했다. 주체적 진리는 타인에게 직접적으로 전달되기에는 곤란한 부분이 많았다. 왜냐하면 주체적 진리란 개인의 삶에 대한 깊은 통찰과 그것으로부터 얻어진 여러 대상들 속에서 선택을 거치기 때문에 사람마다 제각기 다를 수밖에 없다. 키르케고르는 이 문제, 즉 주체적 진리를 다른 사람에게 전달하는 방법을 해결하기 위해 '간접전달법'이라는 독특한 방법을 고안해 냈다. 하지만 완전히 그의 방법은 아니었는데 이미 소크라테스에 의해 사용된 방법이기도 하다.

간접전달법의 구체적인 방법이 '아이러니'로서 키르케고르의 석사 학위 논문이 바로 "On the Concept of Irony with Continual Reference to Socrates(아이러니의 개념 – 소크라테스를 지속적으로 참조하면서)"이다.

2) 아이러니

아이러니(Irony, 반어 또는 반어법)는 표현의 효과를 높이기 위해 실제와 반대되는 의미로 하는 말이다. 이렇게 말하는 방법을 '반어법'이라 한다. 아이러니의 어원은 기원전 5세기로 거슬러 올라간다. 즉 그리스어 'eironeia(εiρωνεία)'에서 유래되었으며 eironeia는 아리스토파네스[4]의 작품에서처럼 희극 내부에 고정된 캐릭터인 'eiron'(속이는 사람, 일반적으로 극 내부에서 자신의 능력을 과소평가하면서 허풍쟁이인 'alazṓn=자랑꾼'을 무너뜨리는)의 의미를 가지고 있다.

3) 소크라테스와 아이러니[5]

키르케고르의 논문은 2부로 구성되어 있는데, 1부 '소크라테스의 관점'을 아이러니로 보기, 2부 아이러니의 개념이다. 간단하게 요약하면 다음과 같다.

4) Aristophanes(기원전 446년~기원전 385년): 고대 그리스 아테네의 대표적 희극작가.
5) 여기서는 키르케고르의 석사 논문을 영어로 옮긴 『The book was translated and edited by Howard and Edna Hong』(1989). 요약 인용.

(1) 1부 소크라테스의 관점으로 아이러니 보기

– Introduction: 소크라테스를 소개함

– The View Made Possible(가능하게 만드는 관점)

모든 지식에는 용기가 필요하다. 자신의 목숨을 희생할 용기가 있는 사람만이 자신의 목숨을 구할 수 있다(오르페우스 이야기[6] 인용). 소크라테스의 논증의 특징은 통일성을 구하기 위해 개념의 상대적인 불일치를 없애는 것을 목표로 하는 반면 프로타고라스 논증의 특징은 명백한 불일치에 초점을 맞추지만 그 불일치를 포섭할 개념 제시가 부족하다.

– The Actualization of the View(관점의 실현)

소크라테스는 당시의 대세였던 신탁 대신에 신성한 자신의 내면에 기초한 사상을 가지고 있다. 이 내적 목소리가 소크라테스에게 있었기 때문에 모든 것으로부터 자유로운 내면을 유지할 수 있고 동시에 매우 주체적인 상황으로 나아갈 수 있었다.

6) 오르페우스가 저승으로 가서 에우리디케를 구해 온 이야기.

– The Condemnation of Socrates(소크라테스의 비난)

소크라테스가 신탁을 거부하고 내면의 소리에 귀 기울인 것은 신을 부정하는 것이 아니라 사람들이 신탁을 조건 없이 수용함으로써 나타나는 무지, 즉 각자의 내면에 귀 기울이지 않는 것을 지적한다.

소크라테스의 "나는 내가 모른다는 것을 안다."라는 말은 변증법의 시작이라고 보았다.

"너 자신을 알라"는 다른 존재와 자신을 분리한다는 의미라고 해석. 이렇게 분리된 자아는 소크라테스 이전에 존재하지 않았기 때문에, 델피 신전 신탁에 있는 "너 자신을 알라"는 소크라테스가 말하는 내면에 상응하는 신탁적인 선언이라고 해석하였다.

–The View Made Necessary(필요한 관점)

그리스의 아테네가 가지는 고대 지식의 중심지로서의 상징성에 대해 언급.

소피스트에 대한 비난, 소크라테스와 소피스트의 견해 차이를 밝힘, 소크라테스의 도덕성과 정당성을 밝힘(소피스트에 대하여).

– Appendix: Hegel's View of Socrates(부록: 소크라테스에 대한 헤겔[7)]의 견해)

자신(키르케고르)은 헤겔의 견해를 따를 것이라고 천명.

헤겔은 소크라테스를 도덕의 창시자로 부르지만, 헤겔은 도덕과 윤리를 구별한다.

헤겔이 소크라테스적 방법으로 소크라테스의 아이러니와 그의 산파술을 예로 든다.

(2) 2부 아이러니의 개념

당시(키르케고르)의 시대적 상황을 이야기함. 키르케고르가 살았던 19세기 초의 유럽은 자유주의와 민족주의를 포함한 수많은 사상이 퍼져나갔으며, 독일과 이탈리아가 통일 국가로 거듭났다. 또한, 산업 혁명이 본격적인 궤도에 올라 자본주의가 대두되었으며 열강들이 제국주의를 확대해 나가던 시기였기 때문에 키르케고르는 이 시대를 '비애의 시대'[8)]로 불렀다.

7) 게오르크 빌헬름 프리드리히 헤겔(Georg Wilhelm Friedrich Hegel, 1770년~1831년): 독일 관념론을 대표하는 프로이센 출신의 철학자.

8) 키르케고르가 1846년에 발표한 『Two Ages: The Age of Revolution and the Present Age』(덴마크어, En literair Anmeldelse)에서 반성과 냉소, 수동성과 공허함이 지배하는 시대가 되었다고 비판함.

아이러니스트(아이러니적 관점으로 세상을 보는 사람들)의 즐거움은 세상 모든 사람들이 올가미에 걸린 것처럼 보이는 것이다. 아이러니스트들은 이와 같은 사람들의 약점을 어디서나 발견하는 것이고, 그러한 약점을 발견한 사람이 더 뛰어난 사람일수록, 그 사람을 끌어들일 수 있고, 그 사람을 자신의 힘으로 삼을 수 있다는 데서 더 큰 기쁨을 느낀다(비록 그 사람 자신은 그것을 알지 못하더라도). 따라서 때로는 뛰어난 사람조차도 아이러니스트에게는 줄에 매달린 인형과 같으며, 줄을 당겨서 원하는 동작을 하게 할 수 있는 장난감과 같다.

아이러니적 관점에서 본다면 모든 것이 '무無(nothing)'로 수렴하는데 세 가지 방향의 무로 구분할 수 있다. 즉 '추상적 무(speculative nothing)'는 구체화되는 순간 사라지는 무로서 그 자체가 'nisus formativus(형성적 충동)'[9]이기 때문이라고 판단. '신비적 무(mystical nothing)'는 표상과 관련한 무로서 다양한 내용이 포함될 수 있는 무이다. 마지막으로 '아이러니한 무(ironic nothing)'는 여러 번 아이러니적 방법에 의해 시도되어 이제는 유령처럼 떠도는 침묵이 된 '무'이다.

9) 형성 충동: 어떤 것을 형성하거나 발전시키려는 내적 욕구 또는 힘. 'nisus formativus'는 라틴어로 '형성 충동'을 의미하며, 이는 어떤 것이 형성되거나 발전하는 데 필요한 내적 힘이나 욕구를 나타낸다. 주로 철학적 또는 심리적 맥락에서 사용되며, 존재의 본질이나 발전을 이해하는 데 중요한 역할을 한다. 키르케고르의 논문에서 '형성 충동'은 구체적인 것에 대한 갈망을 나타내며, 이는 '아이러니'와 관련된 주제에서 중요한 요소로 작용.

– The World-Historical Validity of Irony, the Irony of Socrates(아이러니의 세계사적 유효성, 소크라테스의 아이러니)

세계성에 대한 언급으로 세계의 진행 과정은 기꺼이 가고자 하는 사람을 이끌어 가고, 기꺼이 가지 않으려 하는 사람들을 세계의 진행 과정이 쓸어버린다고 생각한다.

– The Irony of Fichte[10)](피히테의 아이러니)

철학은 마치 안경을 쓰고 있으면서도 안경을 찾으러 다니는 사람 같다. 코 바로 앞에서 무언가를 찾고 있지만 코 바로 앞을 보지 않기 때문에 결코 찾지 못한다.

아이러니스트들은 일반적으로 시간이 많이 걸린다. 시간이 많이 걸리는 것은 그가 자신을 위해 지은 시적인 캐릭터에 적합한 의상을 찾으려는 데 사용하는 세심한 배려의 시간이 걸리기 때문이다.

10) Johann Gottlieb Fichte(1762년~1814년): 독일 관념론 철학자. 헤겔, 프리드리히 셸링과 더불어 독일 관념론을 대표하는 철학자.

– Friedrich Schlegel[11](프리드리히 슐레겔)

슐레겔의 소설『Lucinde』[12](루신데)에 대한 키르케고르의 소회.

– Tieck[13](루트비히 티크)에 대한 키르케고르의 견해

– Solger[14](칼 솔거)

솔거는 아이러니의 본질을 철학적으로 의식하고자 했던 사람이었다. 헤겔은 솔거의 표현에 주의를 기울였고 그를 어느 정도 편애했다. 그의 아이러니는 사색적인 아이러니이다. 그는 모든 것에 존재하는 허무함을 인식하였다. 그런 의미에서 솔거에게 아이러니는 하나의 기관이며, 모든 부정적인 것에 대한 감각이다.

11) Karl Wilhelm Friedrich von Schlegel(1772년~1829년): 독일의 시인, 평론가, 학자이다. 친형 아우구스트 빌헬름 슐레겔과 함께 예나의 초기 낭만주의(Jenaer Frühromantik)의 주요 인물 중의 한 명이다.

12) 루신데(프리드리히 슐레겔의 소설 제목): 프리드리히 슐레겔(Friedrich Schlegel)의 유명한 소설 제목으로, 편지, 대화, 격언, 일기 항목 및 기타 형식으로 된 Julius와 Lucinde의 사랑 이야기. 핵심 내용으로는 당시에는 금기시되었던 신비, 아이러니, 성의 해방, 미적이며 개인중심적인 윤리에 대한 것들이다.

13) Johann Ludwig Tieck(1773년~1853년): 독일의 시인, 소설가이다. 그의 시는 때때로 기교에 치우치는 경향이 있었으나 낭만주의의 회화적 · 음악적 서정의 표현에 뛰어났음.

14) Karl Wilhelm Ferdinand Solger(1780년~1819년): 독일의 철학자. 낭만주의 이론과 아이러니 이론가로 알려져 있다.

– Irony as a Controlled Element, the Truth of Irony(조종 가능한 요소로서의 아이러니, 아이러니의 진실)

아이러니가 적절하게 조종되면, 일상 생활 속의 항상 눈에 보이는 것 이상이 있다고는 믿지 않는 것처럼 현상에 대한 모든 막연한 우상 숭배도 막을 수 있다.

유머에 대한 회의주의는 아이러니에 대한 회의주의와 관련이 있는데, 무지가 오래된 명제인 'credo quia absurdum[15](나는 불합리하기 때문에 믿는다.)'와 관련이 있다. 그러나 그것은 또한 훨씬 더 강한 긍정성을 가지고 있는데, 그것은 무지에 대한 평가가 인간적인 범주가 아니라 나아가 거대한 인류학적 범주에서 파악하기 때문이다.

4) 객관적 진리와 주관적 진리

『Concluding Unscientific Postscript to Philosophical Fragments』[16]는 키르케고르가 요하네스 클리마쿠스(Johannes

15) 퀸투스 셉티미우스 플로렌스 테르툴리아누스(Quintus Septimius Florens Tertullianus, 약 155년~240년경) 또는 터툴리안(Tertulian)은 기독교의 교부이자, 평신도 신학자이다. '삼위일체'라는 신학 용어를 가장 먼저 사용한 이로 알려져 있음. 'credo quia absurdum'은 그가 한 말로 알려져 있음.

16) 『Concluding Unscientific Postscript to Philosophical Fragments – 철학적 단편(간혹 '잔여물'로 번역하기도 함)에 대한 결론으로서의 비학문적 후서』(1846)에 기초하여 씀. 이 책은 이후 실존주의의 성경으로 불리게 됨.

Climacus, Anti-Climacus: 사다리를 오르는 요하네스)라는 이름으로 발표한 책이다. 여기서 그는 객관적 진리와 주관적 진리의 차이를 설명한다.

'객관성(Objectivity, 객관적 진리)'은 우리가 흔히 말하는 보편성이다. 이를테면 보편화된 지식이 대표적인 예시다. 이들은 명제 자체의 참, 거짓이 있을 뿐, 그것을 알거나 이해하는 자(그 지식을 대하는 상대)의 상황과는 전혀 관계가 없다. 즉 그 지식을 대하는 자들의 의지와는 무관하기 때문에 당연히 객관성을 가지게 된다. 이러한 것들에는 역사, 과학 등이 있는데 '사변 철학(speculative philosophy)'[17]도 그 한 분야로서 이들은 오로지 객관적인 지식에만 관심이 있다. 하지만 이들은 언제나 새로운 의심에 의해 도전 받고 동시에 개진된다.

여기서 키르케고르는 실존이 객관적 사유의 대상이 될 수 있는가에 대해 고민한다. 키르케고르는 실존을 이렇게 비유했다. "잔에 든 맥주를 다 마시고 난 후 빈 잔 속에서 발견한 개구리 한 마리" 또는 "실존은 가능한 모든 분석을 다 마친 후에도 남아

17) '사변 철학'은 경험적 증거보다는 이론적 사고와 추상적 개념을 통해 진리를 탐구하는 철학적 접근 방식을 말한다. 이 용어는 주로 존재, 지식, 가치, 의미와 같은 주제를 다루며, 이러한 주제에 대한 깊이 있는 사유와 논의를 포함한다. 사변 철학은 종종 형이상학, 윤리학, 인식론과 같은 분야와 연결되며, 인간 존재와 우주에 대한 근본적인 질문을 탐구하기도 한다.

있는 '무리수' 같은 것".[18)]

도대체 개구리가 왜 맥주잔 속에 들어있는가? 이유나 논리가 있을 수 없지만 어쨌든 거기에 개구리가 있는 것이다. 그것이 키르케고르가 생각한 실존이다. 이는 하이데거가 제시한 '피투彼投(Geworfenheit)'[19)]와 비슷하다. 어떤 논리적 법칙과 어떤 철학적 사유로도 실존의 문제를 설명해 낼 수는 없다.

데카르트의 "나는 생각한다. 고로 나는 존재한다."의 명제조차도 '내가 존재한다'는 것과 나의 실존은 다른 문제이다. 실존은 반드시 사유를 필요로 한다. 이를테면 "나는 누구인가?"라는 질문을 통해 사유되는 것이 실존이다. 그런가 하면 존재는 사유가 필요 없다. 그저 여기저기에 위치하며 공간을 점유할 뿐이다. 책상이나 의자가 존재하듯이 데카르트의 '나'도 다만 존재할 뿐이다.

이 책에서 키르케고르는 "진리는 주체성(주관적)"[20)]이라고 이야기한다. 주관적 진리를 설명하기 위해 먼저 객관적 진리를

18) 『키르케고르 실존극장』, 도널드 파머, 정영은 옮김, 필로소픽, 2024, 41쪽.

19) 우리의 의지와 상관없이 던져진 존재라는 의미이다.

20) 『Concluding Unscientific Postscript to Philosophical Fragments, A Mimical-Pathetic-Dialectical Compilation an Existential Contribution Volume Ⅰ』, presented as by Johannes Climacus, translated by Howard V. Hong and Edna H. Hong, 1992, Princeton University Press, 95쪽.

설명한다. 객관적 진리란 앞서 말한 것처럼 현실에서 추출한 참, 거짓을 판단할 수 있는 형태의 진리로서 그것은 그 진리를 사고하는 주체와 그의 존재에는 무관심하다. 즉 '무엇(What)'이냐에 더 많은 관심이 있을 뿐, '어떻게(How)'는 관심 분야가 아니다. 객관적 진리는 끊임없이 진화하고 격파되며 재정립되지만 그것과 마주하는 존재에게는 어떤 변화도 있을 수 없다. 다만 그럴 뿐으로써 수용되는 것이다.[21)]

반면 주관적 진리는 본질적으로 자신의 사고에 관심을 가지고 있고, 그 사고 안에서 존재한다. 그러므로 그의 사고는 또 다른 종류의 반성, 구체적으로 내면성, 그리고 자신이 가진 사고의 반성을 갖는데, 그러한 행동은 스스로에게 속하고 다른 누구에게도 속하지 않는다.[22)] 즉 주관적 진리에는 객관적 기준이 존재하지 않는다. 주관적 진리는 단지 방법만을 강조할 뿐이다.

주관적 진리는 늘 우리 속에 존재해 왔지만 규명하기 어려운 것이었다. 마치 앞서 이야기한 '무리수'나 '개구리'처럼 거기 있을 뿐이다. 이것이야말로 실존적 진리인 것이다. 이러한 진리에서 중요한 것은 객관적 사실보다는 그 진리의 가치에 있고 좀

21) 수많은 과학적 진리들이 그 예이다. 언제나 새롭게 변화하지만 그 변화가 우리의 실존과는 전혀 무관하게 이루어진다.

22) 앞의 책, 43쪽.

더 집중하면 그 가치의 바탕(근본)에 있다.

키르케고르는 주장한다. "모든 결단은 주체성의 산물이다." 즉 결정은 주체성으로 인하여 존재하며 그 결정에서 객관성을 추구하는 것은 오류라고 설명한다.[23] 따라서 주관적 진리에서 파악되는 실존은 객관성의 결핍에 따른 위험을 감수할 수밖에 없다. '고뇌'와 '불안'이 그 대표적 위험물이다. 그 위험물은 오로지 스스로 감당할 수밖에 없는 것이다. 주관적 사유에서 가치의 기초는 실존의 경험인데, 주관적 사유를 하는 존재들은 자신의 실존을 사유의 대상으로 삼을 수 없다. 그것이 가능하지 않는 이유는 사유의 대상(실존)이 경험으로부터 분리되어 추상화되고 개념화되어야 하는데 실존은 언제나 현재 진행형으로서 완성된 경험일 수 없기 때문에 추상화도 어렵고 동시에 개념화는 불가능하기 때문이다. 따라서 키르케고르는 주관적 사유를 '부정不定적 사유'라고 생각했다.[24]

23) 앞의 책, 45쪽.
24) 앞의 책, 47쪽.

4. 키르케고르의 핵심 개념

1) 불안

키르케고르가 1844년 Vigilius Haufniensis[25)]라는 필명으로 발표한 『The Concept of Anxiety: A Simple Psychologically Orienting Deliberation on the Dogmatic Issue of Hereditary Sin』(불안의 개념: 유전적 죄의 독단적 문제에 대한 간단한 심리학적 지향성 고찰)에서 불안의 개념을 이야기한다.

키르케고르가 불안이라는 의미로 사용한 덴마크어 'angest'를 영어로 번역하면 'anguish', 즉 고뇌가 된다. 하지만 키르케고르는 책 내용에서 두려움과 공포의 감정을 자주 이야기하는 것으로 보아 고뇌보다는 불안이 더 타당하다고 생각한다.[26)]

키르케고르가 말하는 최초의 불안은 아담의 불안이다. 선과 악의 개념은 아담이 과일을 먹기 전에는 존재하지 않았기 때문에 아담은 선과 악에 대한 개념이 없었고 나무에서 열매를 따 먹는 것이 '악'이라는 것을 알지 못했다. 단지 아담이 알았던 것

25) 시장의 관찰자, 시장의 파수꾼이라는 의미. 여기서 시장은 덴마크의 수도 코펜하겐을 이야기하는데 코펜하겐이라는 말이 바로 시장市場이다.

26) 『키르케고르 실존극장』, 도널드 파머, 정영은 옮김, 필로소픽, 2024. 66쪽에서도 비슷한 논지로 불안으로 해석하는 것이 타당하다고 판단한다.

은 신이 그에게 나무의 열매를 먹지 말라고 했다는 것이다. 불안은 바로 이 신의 '금지(열매를 따 먹지 말라는 명령)'에서 출발한다. 즉 아담이 자유롭게 신에게 순종할지 또는 순종하지 않고 열매를 따 먹을지를 선택할 수 있다는 것을 아는 순간 불안이 생겨났다는 것이다. 불안해하던 아담이 열매를 따 먹음으로 인해서 원죄가 시작된 것이다. 따라서 키르케고르에 따르면 불안은 죄에 선행하는 것이다.[27)]

키르케고르는 부연해서 설명하기를 "아무리 깊게 가라앉아도 더 깊이 가라앉을 가능성은 존재하며, 바로 이 가능성이 불안의 대상이다."[28)]

하여 키르케고르는 불안을 이렇게 정의한다. "불안은 하나의 공감적인 반감反感이고 그리고 하나의 반감적인 공감이다."[29)] 이 말은 다음과 같이 풀이할 수 있다. 불안은 두려워하는 것에 대한 인간의 욕망이고 동시에 그 욕망에 대한 두려움이다. 이를테면 아담이 신께서 열매를 따 먹지 말라는 금지를 아는 순간 그 금지를 파기하고 싶은(신에게 반항 또는 저항하고 싶은) 욕망

27) 『불안의 개념』, 쇠렌 키르케고르 지음, 임춘갑 역, 다산글방, 2015. 51쪽 다음 내용 참조. "지혜의 나무의 열매를 먹지 말라는 금령禁令이 아담 속에 죄를 만들어 냈다는 것이다."

28) 『불안의 개념』, 쇠렌 키르케고르 지음, 임춘갑 역, 다산글방, 2015. 169쪽.

29) 앞의 책, 54쪽.

이 생겨난다. 동시에 그 욕망(신에게 반항 또는 저항하고 싶은)이 동시에 두려운 것이다.

인간은 가능성의 존재이다. 어떤 가능성을 깨닫는 순간 그 가능성을 욕망한다. 하지만 그 욕망이 동시에 두렵다. 가능성의 존재인 자신이 죄를 지을 수도 동시에 막을 수도 있는데 그 주체는 결국 자신뿐이라는 사실, 그것이 불안의 바탕이라는 것이 키르케고르의 생각인 것이다.

2) 절망

키르케고르가 1849년 역시 그의 또 다른 필명인 Anti-Climacus(반 클리마쿠스 또는 사다리를 오르는 클리마쿠스)라는 이름으로 발표한 『죽음에 이르는 병』(The Sickness unto Death)에서 '절망(despair)'에 대하여 이야기한다. 이 책은 기독교적 실존철학의 대표작이다.

"인간은 정신精神이다. 그러나 정신이란 무엇일까? 정신이란 자기自己다. 그러나 자기는 무엇일까? 자기란 자기 자신에게 관계하는 관계, 바꿔 말한다면 그 관계에 있어서 그 관계가 자기 자신에 관계한다고 하는 것이다. 따라서 자기는 관계가 아니고, 관계가 자기 자신에게 관계하는 관계다. 인간이란 하나의 유한과 무한의 종합綜合, 시간적인 것과 영원한 것의 종합, 자유와 필연의 종합, 요컨대 하나의 종합이다. 종합이란 두 개의 것 사이의 관계다. 이런 식으로 본다면 이른바 인간이란 아직 자기는 아니다."[30]

억지로 풀이해 보자면 다음과 같다.

인간은 정신은 곧 자기自己인데 자기는 관계이다. 그런데 그 관계라는 것이 자신과의 관계다. 즉 물질적 존재인 자신과 그 상대편에 존재하는 비물질적 자신과의 상호작용이라는 이야기다. 그렇기 때문에 이 둘을 묶은 것이 다시 자기인데, 인간의 정신이 관계이자 동시에 자기라는 앞의 설정은 오류가 된다. 이것에 기초하여 말한다면 인간이란 물질적 존재(외부적으로 식별 가능한, 이른바 육신)와 비물질적 존재(오직 스스로에게만 식별되는, 육신의 반대인 영혼)의 관계를 말한다. 영혼은 무한하고 육신은 유한하다. 따라서 인간은 이 둘의 종합이다. 이때 물질적 존재로서의 인간이라고 말하는 순간(유한한 쪽만 이야기하기 때문) 인간은 관계로서의 자기는 될 수 없다는 이야기가 된다.

여기에 키르케고르는 다시 '자기'에 대해 이런 정의를 첨가

30) 『죽음에 이르는 병』, 쇠렌 키르케고르 지음, 임춘갑 역, 다산글방, 2015. 24쪽.

한다. 매우 어려워 보이지만 앞의 자기에 대한 의미를 그의 방법대로 정리하고자 하는 것이다.

"자기는 무한성과 유한성으로 형성되어 있다. 그러나 이 종합은 하나의 관계이고, 또 비록 그것이 파생된 것이라고는 하지만, 역시 자기 자신에게 관계하는 관계이고, 이런 식으로 자기 자신에게 관계한다는 것이 곧 자유라고 할 것이다. 자기란 곧 자유다. 그러나 자유는 가능성과 필연성이란 두 개의 규정 속에 들어 있는 변증법적인 요소인 것이다."[31)]

여기서 외부적으로 식별 가능한 육신은 시간성에 의존하고 동시에 필연이 지배한다는 의미이기도 하다. 반대로 오직 스스로에게만 식별되는 영혼은 시간성과는 무관하여 영원한 것이며 동시에 언제나 '가능태(Potentiality, 가능성)'로 존재한다.

키르케고르는 『죽음에 이르는 병』의 서문은 성경 『요한복음』 이야기로 시작한다.

"이 병은 죽음에 이르지 아니한다"(『요한복음』 11장 4절). 그럼에도 불구하고 나사로는 죽었다. 그리스도께서 후에 다시 덧

31) 앞의 책, 46쪽.

붙여서 "우리 친구 나사로가 잠들었도다. 그러나 내가 그를 깨우러 가노라"(11장 11절)고 한 말을 제자들이 이해하지 못하였을 때(제자들은 그저 나사로가 잠들었다고 생각했다.), 그리스도께서는 제자들에게 "나사로는 죽었느니라"(11장 14절)고 말씀하신 것이다. 이리하여 나사로는 죽었으나 이 병은 죽음에 이르지 않았던 것이다. 즉 그는 죽었지만 이 병은 죽음에 이르지 않았던 것이다."[32] 키르케고르에 의하면 진짜 죽음에 이르는 병은 '절망'이라는 것이다.

절망의 세 가지 종류를 키르케고르는 이렇게 표현했다. "첫 번째, 절망하여 자기自己를 가지고 있다는 것을 자각하지 못하는 경우(본래적인 것이 아닌 절망), 두 번째, 절망하여 자기 자신이려고 하지 않는 경우, 세 번째, 절망하여 자기자신이려고 하는 경우가 그것이다."[33]

♣ 절망하여 자기自己를 가지고 있다는 것을 자각하지 못하는 경우

즉 자신이 자기를, 그것도 영원한 자기를 가지고 있다는 사실

32) 앞의 책, 17쪽.
33) 앞의 책, 24쪽.

에 관한 절망적인 무지[34]를 말한다. 이 경우 절망은 진정한 절망이 아니다. 상황 파악이 되지 않는 무지의 결과로 나타나는 단순한 절망이다.

♣ 절망하여 자기 자신이려고 하지 않는 경우

만약 인간의 자기가 자기 자신을 설정한 것이라면(절대로 그럴 수 없지만), 사람이 자기 자신이려고 하지 않는, (자기 자신에게서 빠져 나가려고 하는) 이야기는 불가능하다. 자기 자신을 설정한 자기를 부정하는 것은 전제 조건의 오류이기 때문이다.[35]

절망하고 있는 사람이 제 딴에는 자기의 절망을 의식하고 있는 것처럼 자기에게 일어난 절망을 있는 힘을 다하여 자기 혼자의 힘으로 제거하려고 한다면, 그렇다면 그 과정 역시 절망 속에 있는 것이고, 그가 비록 자기의 온갖 노력을 다한다고 하더라도, 애를 쓰면 쓸수록 더욱더 깊이, 그는 보다 깊은 절망 속으로 빠져 들어갈 수밖에 없다.

즉 절망하여 자기 자신이 자신이 아니라고 부정하는 그것이 바로 절망의 증거이다.

34) 앞의 책, 61쪽.
35) 앞의 책, 25쪽.

♣ 절망하여 자기 자신이려고 하는 경우(키르케고르는 이것을 단적으로 '반성'[36]이라고 표현한다.)

절망하여 자기 자신이려고 할 수 있기 위해서는, '무한한 자기'에 관한 의식(이를테면 성찰이나 반성, 혹은 통찰에 가까운 행위)이 있어야만 한다. 그런데 이 '무한한 자기'란 사실 자기의 가장 추상적인 형태(또는 추상적 가능성)에 불과하다. 따라서 그는 자기를 설정한 힘에 대한 모든 관계로부터 자기를 떼어 놓으려고 하거나, 혹은 그런 힘이 엄연히 존재하고 있는 관념으로부터 자기를 떼어 놓으려고 한다. 그리고 자신의 구체적인 자기 속에 자신이 가지고 싶은 것과 자신이 가지고 싶지 않은 것을 결정하여, 자기 자신을 자신이 원하는 대로의 자기로 만들기 위하여, 이 무한한 형태의 도움을 받아 자기는 자기 자신을 절망적으로 처리하려고 하거나, 자신의 자기를 창조하려고 한다.[37]

조금 복잡하다. 절망하여 자기 자신이려고 하는 경우를 쉬운 말로 '절망에 처한 사람'이라고 가정하자. 이런 사람들은 자신이 처한 상황에 대해 잘못된 생각을 가질 수 있는데 자신만이 절망에 빠져 있고 다른 사람들은 절망에 빠지지 않았다는 잘

36) 앞의 책, 88쪽.
37) 앞의 책, 89쪽.

못된 인식으로 또 다른 절망에 빠질 수도 있다. 키르케고르에 의하면 인간이라면 누구나 절망에 빠질 수밖에 없다. 그는 이렇게 말한다. "절망한다는 것은 인간 자신 속에 깃들어 있는 것이다. 그러나 만약 인간이 종합(앞서 이야기한 무한과 유한의)이 아니었더라면, 인간은 결코 절망할 수는 없었을 것이고, 또 그 종합이 애당초 하느님의 손으로부터 온 올바른 관계에 있는 것이 아니었더라면, 인간은 역시 절망할 수가 없었을 것이다."[38)]

키르케고르에 의하면 절망은 "자신이 진정한 자신의 자아가 되려는 의지의 반대 편에 있으며 그것이 곧 죽음에 이르는 병이다."라고 말한다. 절망은 육체적 죽음으로 이어지지는 않지만 죽음을 갈망하게 된다. 우리가 잘 아는 '햄릿'[39)]의 절망이 이와 유사하다.

자신의 행동이나 태도를 쉽게 드러내지 못하는 햄릿이 궁으로 배우들을 불러들여 자신이 하고 싶은 말을 배우가 연극을 통해 자신의 말을 대신하게 한다. 그중에 등장하는 유명한 대사

38) 앞의 책, 27쪽.

39) 윌리엄 셰익스피어(William Shakespeare, 1564~1616)가 1599년에서 1601년 사이에 쓴 『덴마크 왕자 햄릿의 비극』(The Tragedy of Hamlet, Prince of Denmark)에 등장하는 주인공 이름. 덴마크를 배경으로 하고 있으며 햄릿이 자신의 아버지를 죽이고 어머니와 결혼한 클라우디우스 왕에게 복수하는 과정에서 일어나는 비극을 보여준다. 셰익스피어 4대 비극 중 하나이다. 4대 비극은 〈햄릿〉, 〈리어왕〉, 〈오셀로〉, 〈맥베스〉이다.

가 있다. 바로 "To be, or not to be, that is the question(죽느냐 사느냐 그것이 문제로다)."[40)]

3) 둘 중 하나, 또는 이것이냐 저것이냐!

키르케고르가 1843년 Victor Eremita(승리하는 은둔자)라는 가명으로 『Either/Or』(둘 중 하나, 또는 이것이냐 저것이냐 등으로 번역)를 출판한다. 이 책은 키르케고르가 가명을 사용하여 출판한 첫 번째 책이다. 이 책에는 'Victor Eremita' 외에도 'A'와 'B', 즉 'Judge Vilhelm(빌헬름 판사, Wihelm으로 표기하기도 한다. 또는 William으로도 표기)', 'Johannes' 등 여러 명이 등장한다.

이 책의 제1부는 심미적인 인생관을 대표하는 'A'라는 사람이 쓴 일곱 개의 논문과 'A'가 우연히 입수한 것으로 되어 있는 『유혹자의 일기』를 합쳐서 수록한 것이고, 제2부는 'B'라는 사람이 쓴 편지의 형식으로 된 두 개의 논문과 'B'의 친구인 어떤 목사의 설교로 구성되어 있다. 'B'는 법관으로서 윤리적인 인생관을 대표하는 인물이다.

40) 햄릿 3막 1장, 햄릿과 오필리어가 만나기 직전, 클로디어스와 폴로니어스가 숨어서 햄릿을 지켜보고 있는 동안 햄릿이 자신의 고뇌를 토로하는 장면인데 무대에 오필리어가 있는 것을 의식한 햄릿의 대사다.

'Diapsalmata'(디압살마타, 시적 표현으로서의 후렴구)에서 각 주제별로 짧게(시詩적 표현으로) 격언, 에피그램,[41] 일화 및 묵상들로 되어 있다. '자기 자신에게'라는 부제를 달아 놓음으로써 글이 향하는 방향을 분명하게 한다. 전체적으로 냉소적이며 비관적인 인간관에 기초한 이야기들이 많다.

맨 처음 '시인'을 이렇게 정의한다. "시인詩人이란 어떤 인간인가? 마음속에는 깊은 고뇌를 지니고 있으면서도, 입술이 그렇게 생겨서인지, 탄식과 비명이 입술을 빠져나올 때는 아름다운 음악으로 들리는 불행한 사람이다."[42] 시인에 대한 비난은 아니지만 찬양이라고도 볼 수 없다. 이런 문체는 키르케고르의 특징인데 그가 여러 가명으로 책을 출판하였지만 독자들은 금방 그가 쓴 책이라는 것을 알 정도로 그의 글은 독특했다.

키르케고르의 장기인 극단적인 논리적 점층도 볼 수 있다. "나는 아무것도 하고 싶지 않다. 나는 말을 타고 싶지가 않다. 왜냐하면 승마란 지나치게 과격한 운동이니까. 나는 걷고 싶지가 않다. 왜냐하면 걷는다는 것은 힘이 드는 일이니까. 나는 누워 있고 싶지 않다. 왜냐하면 나는 누워 있는 채로 있든가 다시

41) 에피그램(Epigram): 간결하고 흥미로우며 동시에 기억에 남는, 그리고 풍자적인 진술을 의미한다. 그리스어 'epígramma', 즉 '비문碑文'을 뜻하는 말로서 '쓰다', '새기다'의 의미가 있다.

42) 『Either/Or』, 쇠렌 키르케고르 지음, 임춘갑 역, 다산글방, 2015, 35쪽.

일어나야만 하는데, 나는 그 어느 쪽도 하기가 싫기 때문이다. 결국 나는 아무것도 하고 싶지가 않다."[43] 그와 마주하고 있는 현상을 대단히 주관적으로 편집하여 그가 말하고자 하는 사실을 강조한다.

뿐만 아니라 변증적 논리로 글을 읽는 독자를 극단으로 몰아간다. 권태에 대하여 그는 이렇게 이야기한다. "무서운 것은 권태다 - 무서운 권태여! 나는 이보다 더 강한 표현을 모른다. 이보다 더 진실한 표현을 모른다. 왜냐하면 유사한 것은 오로지 유사한 것에 의해서만 인식되기 때문이다."[44] 자신의 생각을 너무 강조한 나머지 어떤 이견異見의 공간조차도 없애버린다.

결혼에 대해서도 같은 방법으로 우리에게 논리적 자유를 은근히 제한한다. 이를테면 이런 글도 있다. "결혼을 하라. 그러면 그대는 후회할 것이다. 결혼을 하지 말라. 그래도 역시 그대는 후회할 것이다. 결혼을 하든 않든 간에, 그대는 후회할 것이다. 세상의 어리석은 일을 보고 웃어라. 그러면 그대는 후회할 것이다. 세상의 어리석은 일을 보고 울라. 그래도 역시 그대는 후회할 것이다. 세상의 어리석은 일을 보고 웃든 울든 간에,

43) 앞의 책, 36쪽.
44) 앞의 책, 52쪽.

그대는 후회할 것이다.[45)]

죽음에 대한 키르케고르의 생각도 곳곳에 보인다.

"인생이란 얼마나 공허하고 무의미한 것일까! 우리들은 한 사람의 인간을 매장한다. 우리는 무덤에까지 그를 따라가서, 그에게 세 삽의 흙을 뿌린다. 우리는 묘지까지 삯마차를 타고 갔다가, 다시 삯마차로 집에 돌아온다. 그러고는 우리는 우리들 앞에는 아직도 긴 인생이 남아있다고 생각하며 자위한다. 십 년을 일곱 번 곱한다고 해도 무엇이 그리 오래인가! 어째서 우리들은 그것을 단숨에 끝내버리지 못하는 것일까? 어째서 우리들은 그와 함께 무덤에 들어가서 그와 함께 머무르지 못하는 것일까? 어째서 우리들은 마지막 사자死者에게 마지막 세 삽의 흙을 뿌리는 마지막의 불행한 인간으로 누가 뽑히느냐를 보기 위해서 제비를 뽑지 못하는가?[46)]

언제나 키르케고르를 따라 다니던 죽음의 그림자[47)]를 그는

45) 앞의 책, 55쪽.

46) 앞의 책, 44쪽.

47) 42세로 죽기 전까지 키르케고르는 늘 죽음에 대한 공포를 가지고 살았다. 1838년, 키르케고르가 25세 되던 해에 아버지가 죽자 그는 자신이 아버지(미카엘 키르케고르)보다 먼저 죽지 않았다는 것에 놀라워한다. 그 이유는 자신의 아버지가 지은 죄가 너무 커서 그의 일곱 자녀(성서에서 '7'의 의미를 대입하여)가 아버지보다 먼저 죽을 것이라고 믿었고 실제로 대부분의 형제가 아버지보다 먼저 죽었다. 그런 이유로 자신도 아버지보다 먼저 죽을 것이라는 생각에 사로잡혀 언제나 죽음의 공포에 떨었다.

이렇게 묘사한 것이다.

욕망에 대한 그의 생각은 언제나 비난가능성으로 가득 차 있다.

"주지하는 바와 같이, 곤충 중에는 암놈에게 수태를 시키고 난 순간에 죽어버리는 것들이 있다. 기쁨이란 모두가 그런 것이다. 최고이고 최대라고 할 수 있는 인생의 향락의 순간은 죽음을 동반하고 있다."[48)]

'『Immediate Stages of the Erotic, or Musical Erotic』(에로스적인 것의 직접적 단계, 또는 음악적이며 에로스적인)'에서 키르케고르는 모차르트의 '피가로의 결혼',[49)] '마술피리', '돈 조반니',[50)]

48) 앞의 책, 35쪽.

49) 피가로의 결혼은 17세기 스페인 세비야를 배경으로 당시 귀족 사회에 대한 비판을 익살스럽게 표현한 희극 오페라로, 알마비바 백작의 하인 이발사 피가로가 백작의 시녀인 수산나와의 결혼 이야기를 주제로 하고 있다.

50) 젊은 귀족 '돈 조반니'는 유명한 호색가이다. 어느 늦은 밤, '돈나 안나'의 집에 숨어들어가 유혹하려 하지만 실패하고, '안나'의 아버지 기사장과의 결투 끝에 그를 죽인다. '안나'는 두려움에 떨고, 그녀의 약혼자 '돈 오타비오'는 예비 장인의 죽음에 대한 복수를 다짐한다. '돈 조반니'에게 버림받은 '엘비라'도 복수하겠다고 하지만 그에 대한 미련이 남아있다. '돈 조반니'는 '엘비라'에게 수작을 부리려 다가가지만, 최근에 자신이 차버린 여인이라는 것을 알고 급히 자리를 뜬다. 하인 '레포렐로'는 조반니의 애인 목록을 읽어주며 '엘비라'를 위로하려 하지만 엘비라는 복수를 맹세한다. 한편 '돈 조반니'는 순박한 농부 '마제토'와 결혼을 앞두고 있는 시골 처녀 '체를리나'에게 눈독을 들인다. 이것마저 실패하고 마을사람들에게 쫓기다가 묘지에서 기사장의 석상을 만나게 되고 석상을 만찬에 초대한다. 초대에 응한 석상은 '돈 조반니'에게 회개할 것을 요구하지만 그는 거절하고 결국 지옥으로 끌려간다.

그리고 괴테의 '파우스트'[51]에 대해 이야기한다.

화자인 'A'는 모차르트에 대한 자신의 사랑을 이성적 사랑에 대비시킨다. 마치 사랑에 빠진 여자처럼 자신을 묘사하고,[52] 비교한다. 이를테면 'A'에게 모차르트의 작품(예를 들어 '돈 조반니')은 에로스적인 것으로의 삶의 여행이자 즐거움의 원천을 의미한다.

'A'의 분석 대상인 오페라 '돈 조반니'는 '시간'과 '영원'이라는 두 대립적 원리의 종합이라고 키르케고르는 주장한다.[53] 오페

51) 독일의 시인 · 정치가 · 과학자 · 극작가인 요한 볼프강 폰 괴테(Johann Wolfgang von Goethe)가 쓴 희곡 파우스트의 내용은 신과 악마가 파우스트를 두고 내기를 한다. '파우스트'가 악마에게, 너는 아름답다라고 말하면 그때 악마가 '파우스트'의 영혼을 거두는 것으로, 괴테는 '파우스트'의 이야기에 자신의 첫사랑 '그레첸'의 이야기를 덧붙이고, 악마가 보여준 쾌락의 한 종류인 여색으로 보여주지만 결국 '파우스트'와 '그레첸'의 아름다운 순수한 사랑으로 1막은 막을 내린다. 괴테는 기존에 있던 '파우스트의 이야기를(기존에는 파우스트가 영혼을 악마에게 빼앗기고 영원히 저주받는다.) 자신의 방식으로 이야기한다. 괴테의 '파우스트' 마지막 단계에 '파우스트'는 이렇게 말한다. "자유로운 사람들과 함께 자유로운 시간을 보낼 때, 그때가 오면 난 이렇게 말하겠네, 멈춰라, 너는 아름답다!" 그러나 악마는 '파우스트'의 영혼을 빼앗으려고 한다. 그때 하늘에서 천사들이 내려오더니, '파우스트'를 구원해 준다.

52) 불멸의 모차르트여! 나의 신상에 일어난 일체의 일이 그대 때문이다. 내가 나의 분별을 잃은 것도 그대 때문이고, 나의 영혼을 떨게 하고 있는 경악도, 나의 가장 내밀한 본질을 사로잡은 공포도 모두가 그대 때문이다. 또 내가 나의 생애에서 무엇인가에 항상 나의 마음이 설레게 된 것도 그대 때문이다. 비록 나의 사랑은 불행으로 끝났지만, 나는 사랑을 하지 않고서는 죽을 수 없었던 사실을 두고 그대에게 감사 드린다(앞의 책, 67쪽).

53) '돈 조반니'를 통하여, 그(모차르트)는 시간 바깥에 있지 않고 시간 안에 있는 영원 속으로 들어간다. 이 영원은 어떤 휘장으로도 가려져 있지 않기 때문에 모든 사람이 볼 수 있다(앞의 책, 70쪽).

라의 시간성은 '음악'과 '언어'에서 찾을 수 있다. 언어는 구체적 실재이기 때문에 오페라 또한 구체적이고 시간적인 실재다. 음악이 시간적인 까닭은 선율이 오로지 음표의 연속으로 자신을 표현하며, 그 연속은 시간성 그 자체이기 때문이다.

모든 고전은 영원성을 가지고 있다. 고전은 시간성에 의해 지배된 모든 이념의 표현이지만 동시에 모든 이념은 영원성(무시간성)에 부합하는 추상이기도 하다. 즉 고전은 매우 구체화된 이념인 것이다. 음악 또한 초월성 내지 영원성에 부합한다. 음악은 시간성에 의해 창조되기는 하지만 절대로 그 시간에 의해 흡수되거나 해체되지는 않기 때문이다. 따라서 고전, 혹은 음악은 시간 안에서 구성될 수 있는 추상에 대한 확인 가능한 증거일 것이다.[54)]

'A'에 따르면 예술적으로 표상될 수 있는 가장 추상적인 이념은 감성의 원리[55)]이며, '돈 조반니'에서 바로 이러한 원리가 표현되고 있다.[56)] 이 오페라는 시간과의 관계를 유지시키는 가

54) 앞의 책, 77~86쪽 참조.

55) 그러므로 우리들은 원리로서의 감성은 그리스적인 의식 속에서는 찾아볼 수가 없고, 감성의 원리에다 터전을 두고 있는 원리로서의 에로스적인 것도 찾아볼 수가 없다(앞의 책, 85쪽).

56) 모차르트가 모든 고전적인 작곡가들 중에서도 가장 위대한 존재라는 사실과, 그의 '돈 조반니'가 모든 고전적인 작품 중에서도 첫째로 꼽힐 만하다는 사실(앞의 책, 86쪽).

장 추상적인 매체인 음악을 이용하여 돈 후안의 삶을 지배하는 감성의 이념에 역사성을 부여하고 있다. 오페라에서 돈 후안은 시간을 통하여 에로스적인 것을 지속시키려고 하고 직접성에 역사성을 부여하려고 한다. 'A'에 의하면, 모든 사랑은 감성적이고 감성은 직접적인 것이다. 사랑은 비판적 반성이나 개념이 없이 감각 내지 느낌에 의해 직접적으로 경험된다. 'A'는 여기에서 에로스적인 것을 이해하는 두 가지 관점을 제시하고 있다. '그리스적 전통'과 '기독교'가 바로 그것이다.

『Essays read before the Symparanekromenoi』('심파라네크로메노이'[57]의 모임에서 낭독한 단편적인 시론)에서 키르케고르는 비극을 이야기한다. 고대의 비극(소포클레스의 3부로 이루어진 비극, 『콜로누스의 오이디푸스』와 『오이디푸스 왕』,[58] 『안티고네』[59]는

57) Symparanekromenoi: 그리스어로는 '죽은 자들의 공동 응답' 정도인데, 현실적으로는 성립될 수 없는 말이다. 오로지 키르케고르에 의해 합성된(이 책 속에서 관심을 끌기 위해) 이 말은, 자유롭게 매장된 자들의 모임이라는 의미이다. 자신의 자발적인 의사로 스스로 매장된 자들이라는 취지의 말이니 현실적으로는 존재할 수 없는 상황과 단어다. 영어 자체로 풀이하면 "the dead people club", "the community of the deceased(사망한)" 혹은 "fellowship of the dead" 혹은 "society of buried lives" 정도의 의미로 해석될 수 있다(앞의 책, 189쪽 이후 참조).

58) 오이디푸스는 도시 테베의 왕으로 신탁에 따라 아버지를 죽이고 어머니와 결혼하는 비극적인 운명을 겪은 그리스 신화 속에 등장하는 인물. 그 인물에 관련된 이야기.

59) 안티고네는 오이디푸스 왕의 딸이다. 아버지이자 왕인 오이디푸스가 스스로 눈을 찔러 실명한 채로 떠돌아 다니게 되고, 두 오빠 폴리네이케스와 에테오클레스가 왕권을 놓고 다투다 모두 죽는다.

바로 이 순수한 비극적 관심을 중심으로 전개[60])과 현대의 비극('돈 후안'에게 버림받은 '엘비라', 『파우스트』의 '그레첸')에서 슬픔, 고통, 두려움, 떨림, 불안 등에 대하여 논의한다.

가장 불행한 사람에 대한 키르케고르의 논의는 '니오베'[61])와, 구약에서 탕자의 아버지인 '욥',[62]) 아니면 '페리안더'[63]) 등으로 이어진다. 키르케고르는 에세이의 마지막 부분에서 이렇게 이야기한다. "친애하는 심파라네크로메노이 여러분, 일어서라. 비애의 증인 여러분, 이 가장 엄숙한 시간에 그에게 절을 하자! 내가 아직 이름을 모르고 있는 위대한 알려지지 않은 자여. 나는 그대를 찬양한다. 나는 그대를 '가장 불행한 사람'이라는 영예로운 칭호로써 찬양한다! 나는 그대를 당신의 집인 이곳에서 불행한 자들의 이름으로 환영한다."[64])

60) 앞의 책, 188쪽.

61) 그리스 신화에 등장하는 니오베는 암피온의 아내이자 펠롭스와 브로테아스의 누이로서 오만한 허영심 때문에 레토에게 처벌을 받았고, 레토는 아폴로와 아르테미스를 보내 그녀의 모든 아이들을 죽인다(앞의 책, 288쪽 참조).

62) 욥은 번영하는 가정의 가장이었지만, 갑자기 끔찍한 재앙에 시달려 자신이 소중히 여기는 모든 것을 빼앗기는데, 이는 욥의 신에 대한 믿음을 시험하기 위한 시나리오였다. 욥은 이 상황을 이해하기 위해 힘겹게 노력하면서 절망하지만, 꾸준히 독실함을 유지한다.

63) 페리안드로스(Periander)는 고대 코린트를 통치했던 키프셀리스 왕조의 폭군이다. 여러 기록에 따르면 페리 안드로스는 잔인하고 가혹한 통치자였지만 그의 통치는 코린트의 번영을 가져왔다. 그의 능력 덕분에 코린트는 그리스에서 가장 부유한 도시 국가 중 하나가 된다.

64) 앞의 책, 287쪽.

이러한 분석과 견해는 불행에 대한 그리고 비애에 대한 키르케고르의 태도, 이를테면 흔히 키르케고르를 수식하는 '신 앞에 선 단독자'의 면모를 확인하게 된다.

5. 실존의 세 가지 방식

키르케고르의 세계관을 가장 잘 표현하고 있는 것은 그가 주장한 세 가지 실존 방식에 나타나 있다. 사실 이 세 가지는 1843년 Victor Eremita(승리하는 은둔자)라는 가명으로 발표한 최초의 저작 『Either/Or』('둘 중 하나', 또는 '이것이냐 저것이냐' 등으로 번역)로부터 1843년 Johannes de silentio(침묵의 요한)라는 가명으로 출판된 『Fear and Trembling』의 두 책에서 주로 설명되고 있다. 다른 저작에서도 다양한 방식으로 표현되고 있다.

키르케고르는 이 세 가지 실존의 방식을 독립적인 부분으로 이야기하지 않았기 때문에 후세의 학자들이 의도적으로 여기저기 흩어져 있는 내용을 분류한 것이다. 하지만 전체적으로 이해해야 할 중요한 내용이기 때문에 여러 책에서 분류한 실존의 세 가지 방식을 논의해 보고자 한다.

세 가지 실존 방식을 학자들은 일반적으로 이렇게 구분한다. 즉 심미적 (실존) 방식(The Aesthetic Sphere), 윤리적 (실존) 방식(The ethical Sphere), 그리고 종교적 (실존) 방식(The Religious Sphere)이다.[65)]

65) 『키르케고르 실존극장』, 도널드 파머, 정영은 옮김, 필로소픽, 2024.

1) 심미적 실존 방식

키르케고르에 의하면 심미적 실존 방식으로는 진정한 자아를 찾을 수 없고, 오히려 자아로부터 소외될 뿐이라고 생각했다. 여기서 키르케고르가 말하는 심미審美[66]란 그저 기쁨을 추구하는 것이기 때문에 심미를 추구하는 이들이 키르케고르의 관점에서는, 어떤 진지함도 발견하기 어려운 존재들로 보인다.

심미적 실존 방식에도 수직적인 여러 단계가 있다. 가장 고상한 심미주의자가 맨 위에 있고 원초적인 심미주의자는 밑바닥에 속한다.

키르케고르가 가장 원초적인 심미주의자로 예를 든 인물은 『Either/Or』에 지속적으로 등장하는 '돈 후안'이다. 요즘식으로 말하자면 주말 내내 집에서 빈둥거리며 TV 스포츠 경기를 관람하고, 자다 깨다를 반복하다가 심심한 것을 이기지 못한 채 캔 맥주와 기타 간식거리를 마시고 먹으며 권태로움을 달래는 정도의 존재들이다. 내일에 대한 계획보다는 지금 현재 이 순간의 삶에 충실한 존재들을 말하는데 이런 존재를 경멸한 키르케

66) 심미: 영어 'Aesthetic'은 '미학적인' 또는 '심미안이 있는' 정도로 번역되는데 키르케고르가 실존의 방식을 구분하기 위해 사용한 '심미'는 '감각적'이라는 말에 더 가깝다. 즉 '심미적'이라는 말을 '감각적'이라는 말로 바꾸어도 무방해 보인다.

고르는 이들을 이렇게 묘사했다.

“이런 동물의 종족은 분명히 남자의 욕망이나 여자의 육욕의 산물이 아니다. 그들은 모든 하등동물과 마찬가지로 고도의 다산성多産性을 특징으로 하고 있어서 끊임없이 증가한다. 그런 존재들을 낳기 위해서 자연이 아홉 달을 요구하고 있다는 것은 이해가 가질 않는다. 그들은 차라리 스무 개 단위로 생산되어야 할 것이다.”[67]

이들에 대한 키르케고르의 평가는 거의 혐오에 가깝다.

원초적 심미주의자 바로 위에 상인들이 있다. 상인들은 약삭빠른 거래에서 즐거움을 느낀다. 앞선 제일 낮은 단계의 존재들이 느끼는 지극히 원초적인 쾌락보다는 상위에 있지만 키르케고르의 입장에서는 그렇게 차이가 나 보이지 않는다. 거의 비슷하거나 아니면 같은 수준으로 이해한다. 이들을 키르케고르는 이렇게 표현한다.

“모든 우스꽝스러운 것 중에서도 내게 가장 우스꽝스러운 것으로 보이는 것은, 식사도 즉석에서 해치우고, 일도 즉석에서

67) 『Either/Or』(2부), 쇠렌 키르케고르 지음, 임춘갑 역, 다산글방, 2015. 69쪽.

해치우는 식으로 세상사를 처리하려는 성급한 사람이다. 그래서 중대한 순간에 이런 상인의 코 위에 파리가 내려앉은 것을 보거나, 그 사람보다도 더 서둘러 지나가는 마차가 그에게 물을 튕기는 것을 보거나, 도개교跳開橋가 그의 앞에서 올라가는 것을 보거나, 지붕에서 기와가 떨어져 그를 쳐서 죽게 하는 것을 보면 나는 진심으로 웃음이 터진다."[68]

우연하게 일어나는 일에 무방비 상태이면서도 삶에 대한 이들의 태도, 즉 바쁘고 정신 없는 태도를 키르케고르는 앞선 쾌락을 추구하는, 그러나 권태로운 원초적 심미주의자와 다르지 않게 평가한다. 바쁘게 살면서도 우연한 기회에 죽거나 시간을 허비하거나 엉뚱한 일에 휘말리는 상인들의 모습에서 키르케고르는 쾌락을 추구하는 것과 비슷한 인간의 실존을 파악하고 있다.

마지막으로 심미적 실존의 가장 높은 단계는 귀족적 쾌락주의다. 이들은 나름 미적 의식을 가지고 미를 함양하려 노력한다. 이들의 정신 세계를 키르케고르는 이렇게 표현했다.

"그들은 비록 하느님이 (그들의 죄를) 제아무리 꼬박꼬박 기장

68) 『Either/Or』(1부), 쇠렌 키르케고르 지음, 임춘갑 역, 다산글방, 2015, 40쪽.

記帳을 한다고 해도, 하느님도 그것까지야 알 리가 없을 것이라고 생각한다. 빌어먹을 것들! 그래서 나의 영혼은 언제나 구약성서와 셰익스피어로 되돌아간다. 거기서 말을 하고 있는 사람들은 적어도 인간이라고는 느낄 수 있다."[69]

이 귀족적 심미주의자들의 모델은 바로 키르케고르 자신이었다. 덴마크 엘리트 집단에서 태어난 자신의 삶이 바로 이와 비슷했다. 그래서 앞서 이야기한 원초적인 집단이나 상인들에 대해 호의적일 수는 없었다. 스스로 매우 고상한 심미주의에 빠질 위험성을 알고 있었고 동시에 그 상황을 객관적으로 보기 위해 노력했다.

심미적 실존의 다른 표현은 바로 쾌락주의다. 처음 언급했던 것처럼 감각적 충족을 추구하는 실존의 방식이 바로 심미적 실존 방식이다. 각 단계의 사람들이 느끼는 감각의 강도나 감각의 종류의 차이는 있을지 몰라도 본질적으로 짜릿한 쾌감을 추구하는 것은 비슷하다.

심미적 실존의 쾌락 추구는 결코 인간다운 자아의 성취로 이어질 수 없는 한계가 있다. 왜냐하면 여기서 말하는 쾌락은 지

69) 앞의 책, 45쪽.

극히 생물학적인 것으로서, 쾌락에 의해 성취될 수 있는 것은 아무것도 없다. 키르케고르는 이렇게 탄식한다.

"영혼의 옆구리에 쾌락이라는 박차를 아무리 가해도 보람이 없다. 나의 영혼은 이제 힘을 잃었고, 왕자처럼 도약을 하지도 못한다. 나는 모든 환상을 잃었다. 한없는 쾌락의 바다로 뛰어들려고 해도 소용이 없다. 쾌락도 나를 지탱하지 못한다. 아니 오히려 나 자신이 나를 지탱하지 못한다."[70)]

쾌락의 끝은 매우 권태롭다. 키르케고르는 이미 알고 있었다. 쾌락의 끝이 권태라는 것을! 그는 권태를 이렇게 설명한다.

"신들은 권태로워져서 인간을 창조하였다. 아담은 홀로 있었기 때문에 권태로워졌다. 그래서 이브가 창조된 것이다. 이렇게 해서 권태는 세상에 들어왔고, 인구의 증가에 정비례해서 권태도 늘어만 갔다. 아담은 혼자서 권태로워졌고, 아담과 이브는 함께 권태로워졌고, 아담과 이브와 카인과 아벨은 가족이 통째로 권태로워졌고, 다음으로는 세상의 인구가 늘어가자 사람들은 대량으로 권태로워졌다. 사람들은 기분전환을 하기 위해

70) 앞의 책, 57쪽.

하늘까지 솟아오를 탑을 세울 생각을 하였다. 이 생각 자체가 탑의 높이만큼이나 엄청나게 권태로운 것이고, 권태가 얼마나 우세해졌는가를 말해주는 무서운 증거다."[71]

키르케고르에 의하면 권태로움은 모든 악의 근원이다.[72] 따라서 그는 이 권태로움을 벗어날 수 있는 방법에 대해 고민한다. 그것이 바로 윤작輪作이다. 윤작은 이미 알고 있는 것처럼 토지를 구획하여 일정한 토지를 쉬게 하고 나머지 토지를 경작하며 해마다 휴경지를 바꾸는 농사법이다. 이 방식대로 키르케고르는 심미, 즉 쾌락을 추구하면 그나마 권태로움에서 벗어날지도 모른다고 생각했다.

일단 키르케고르는 윤작의 의미에 제한을 둔다. "윤작이란 땅을 바꾸는 것이라고 규정지어 두어야 할 것이다. 물론 농부는 이 말을 그런 뜻으로 사용하여, 말하자면 변화의 무제한적인 무한성과 광범위한 차원에 의존하는 윤작에 관해서 언급하려고 한다."[73]

동시에 이렇게 제안한다. "내가 제안하는 방법은 토지를 바

71) 『Either/Or』(2부), 쇠렌 키르케고르 지음, 임춘갑 역, 다산글방, 2015, 67쪽.
72) 앞의 책, 66쪽.
73) 앞의 책, 71쪽.

꾸는 것이 아니라, 진짜 윤작과 마찬가지로 작물을 바꾸고 경작법을 바꾸는 것이다. 이렇게 되면 우리는 세상에서 유일한 구원의 원리인 제한의 원리를 갖게 된다. 즉 우리는 우리 자신을 제한하면 제한할수록 보다 더 많은 창의력을 발견하게 된다."[74]

결론적으로 키르케고르의 윤작이라는 방법을 통해 권태를 극복하는 방법으로 '자기 제한' 그리고 금욕주의로 나아간다.

이 지점에서 키르케고르는 아우렐리우스 황제의 명상록 한 구절을 언급하는데 핵심은 '다른 관점'이다.

"그대는 그대의 인생을 평가할 힘을 갖고 있으므로, 사물을 이전에 본 관점과는 다른 관점에서 보라."[75]

2) 윤리적 실존 방식

'권태'에 대한 키르케고르의 태도는 앞서 본 바와 같다. 즉 쾌락의 끝은 언제나 권태롭다는 것인데 여기에 또 다른 문제를 개

74) 앞의 책, 72쪽.

75) 본래 이 구절은 아우렐리우스 명상록 제7권 2의 내용을 키르케고르가 이 글의 내용에 맞춰 개작한 것이다. 본래 내용은 다음과 같다. "당신의 교리나 철학적 결의와 결론이 당신 안에서 죽어서 당신을 행복하게 살게 하는 적절한 힘과 효능을 잃는다는 두려움이 무엇이겠는가? … 일어난 이 일에 대해, 그것이 무엇이든, 옳고 진실한 것을 생각하는 것은 내 힘에 달려 있다. …"

입시킨다. 바로 '자유'다. 여기서 말하는 자유는 단순히 '제한이 없는 상태' 정도의 의미이다. 키르케고르에 의하면 우리 삶은 제한투성이다. 즉 제한에는 거의 자유가 없다는 것이다. 그 제한의 다른 이름은 '역할'이다. 직업적인 역할, 가정 내에서의 역할, 심지어 자신이 가진 성격 소유자로서의 역할조차 있다. 그리고 각각의 역할에 맞는 전형적인 행동이 따라야 한다. 이 모두가 강력한 제한이다.

이 강력한 제한인 역할에 충실하다 보면 '자아'라는 단어는 그 의미가 상실되고 만다. 그런데 약간의 혼선이 생겨난다. 본래 역할이라는 것은 외부세계로부터 자신의 자아를 보호하기 위해 스스로 마련한 강력한 보호장구인데, 너무 역할에 얽매이다 보니 이제는 역으로 이 보호장구가 내부의 자아를 흡수하거나 잠식蠶食[76]하는 단계에 이르렀다는 것이다. 즉 어떤 역할이 자신의 자아를 나타내는 역할인지조차도 모르는 단계가 된 것이다.

그런데 키르케고르는 여기서 하나의 대안 혹은 편법을 이야기한다. 만약 이 자아가 실제로는 양파처럼 끝없이 나타나는 것이라면? 마지막까지 벗겨도 계속 똑같은 껍질이 나올 뿐, 핵

76) 갉아 먹음.

심을 발견할 수 없다고 가정한다. 그런 상황에서 자아에 맞는 역할은 어떻게 해야 하는 걸까? 이런 상황에 대해 키르케고르는 『Either/Or』에서 화자인 'A(심미주의자)'를 내세워 "전혀 예측할 수 없는 여러 역할을 은밀히 오가며(이를테면 양파의 껍질 사이를 옮겨 다니며 각각의 껍질이 진정한 자신의 '자아'인 것처럼) 생활한다면 자유를 얻을지도 모른다고 주장했다.[77]

『Either/Or』에서 심미주의자 'A'의 이런 주장 속에는 각 껍질 사이를 오가는 자아의 '예측 불가능성'을 자유와 동일시하고 있는 것처럼 보인다. 하지만 키르케고르는 동시에 같은 책에 등장하는 윤리주의자 '빌헬름 판사'의 입을 빌려 심미주의자 'A'의 논리를 공격한다. "자유를 찾으려 하면서 정작 자유로부터 도망치고 있다"[78]고 말한다. 예측 불가능성을 우리는 자유라고 부르지는 않는다. 만약 자유와 예측 불가능성을 동일시한다면 '빌헬름 판사'의 말처럼 자유라고 생각하는 순간 예측 불가능한 상황에 빠지기 때문에 자유를 찾으려고 하는 순간 이미 자유가 아니라 예측 불가능성에 다가갈 뿐이다.

만약 심미주의자의 말처럼 만약 그가 예측할 수 없는 여러 자아를 옮겨 다닌다면 그의 자아는 분열되지 않을까? 자신의 현

77) 『키르케고르 실존극장』, 도널드 파머, 정영은 옮김, 필로소픽, 2024. 104쪽.
78) 같은 곳.

재 자아와 역할이 일치하는 경우는 과연 있기나 할 것인가? 특정 역할을 하는 순간, 타인은 그 특정 역할을 하는 그 상황에 집중하게 될 것이고(그것을 바탕으로 관계가 형성될 것이고) 자신 또한 그 역할에 맞추게 될 것인데 그런 상황을 키르케고르는 이렇게 표현하고 있다.

"자기 자신의 모습을 단 한 번도 본 적이 없는 어떤 사람이 거울 속에서 비로소 자신의 모습을 보고, '나는 곧 나 자신을 알아보았다'고 한다면 그것이 미친 소리가 되듯이, 이 상황 역시 그런 뜻에서 광적이라 하겠다."[79)]

물론 언제나 심미(쾌락)를 추구하는 심미주의자의 자아는 어쩌면 평범한 사람의 자아보다는 복잡할 수 있다. 하지만 그것도 분명 한계가 있다. 이런 상황에 대하여 '빌헬름' 판사는 다시 다음과 같이 경고한다.

"그대가 말하기를 인생은 가장무도회이기 때문에 마르지 않는 즐거움을 가져다 주었다고 말했다. 하지만 그대가 타인에게 드러낸 모습(다중 역할을 하고 있는)은 어쩌면 모두가 환상에 가깝다. 따라서 그 누구도 그대를 정확하게 알지 못한다. 지금 그

79) 『Either/Or』(2부), 쇠렌 키르케고르 지음, 임춘갑 역, 다산글방, 2015, 55쪽.

대는 그대의 은신처(다중 역할 속에서)를 지키는 것에 집중하고 있는데, 그 일은 일단은 성공적으로 보인다. 그대의 가면은 때로 수수께끼처럼 모호하지만 단지 모호할 뿐, 사실 그대는 아무것도 아니다. 그대의 존재는 오직 타자와의 관계 속에만 존재하며, 그 관계에 의해서만 그대로서 존재할 뿐이다."[80]

자신의 '역할'을 양파처럼 다중화한다고 해서 각각의 역할이 언제나 각각의 자아와 일치될 수는 없다. 왜냐하면 각각의 역할은 타인에게 드러난 관계 속에서만 존재한다. 타인과 관계를 형성하는 순간 스스로 그 역할에 상응하는 자아를 일치시켜야 하고 역시 그 순간, 정작 자신은 다른 자아로 존재할 가능성이 있기 때문이다. 타인과의 관계 속에서 존재하는 자신이 곧 자신의 역할이자 곧 자아이므로 스스로 자신의 역할을, 그리고 자아를 다양화한다면 각각의 역할과 자아는 더욱 복잡해질 뿐, 그 어떤 의미도 없다. (빌헬름 판사의 말처럼) 이를테면 자신의 역할에 부합하는 진정한 '자아(존재하기만 한다면)'에는 충실하기 어렵다. 오히려 스스로 역할과 자아의 혼란에 빠져 진정한 자아도 역할도 찾을 수 없게 될 것이다.

그러면 어떤 방법으로 진정한 자아를 확인하고 인식할 수 있

80) 『키르케고르 실존극장』, 도널드 파머, 정영은 옮김, 필로소픽, 2024, 105쪽.

을까? 이 문제에 대해 키르케고르는 "자신을 선택하라"[81]고 말한다. 즉 여러 개의 역할과 그 역할에 따른 자아 중에서 하나를 선택해야만 된다고 말한 것이다. 그러기 위해서는 앞서 설명한 절망[82]에 빠져 '이것인가, 또는 저것인가'를 선택해야 하는 상황까지 가야만 한다는 것이다. 아마도 이 절망은, 키르케고르의 분류에 따른다면 '절망에 빠져 자기 자신이려고 하는 …'의 세 번째 경우에 해당할 것이다.

욕망(즉 심미적 자아가 가진 욕망)에서 벗어나기 위해 지금까지의 자아를 완전히 소멸시켜 진정한 자아를 찾겠다는 열망과 의지가 나타날 때까지 이르러야 하는데, 그 지점에 이르게 되면 인간들은 최후의 방법으로 '도약'[83]을 시도한다. 도약을 시도하거나 또는 시도해 본 심미주의자들은 마침내 태어나서 처음으로 쾌락(자아도취적인)이 아니라 다른 관점으로 스스로를 관찰하고 판단하게 된다.[84]

81) 앞의 책, 107쪽.

82) 이 책의 제1절 4. 키르케고르의 핵심개념 2) 절망 참조. 절망의 세 가지 종류를 키르케고르는 이렇게 표현했다. "첫 번째, 절망하여 자기自己를 가지고 있다는 것을 자각하지 못하는 경우(본래적인 것이 아닌 절망), 두 번째, 절망하여 자기 자신이려고 하지 않는 경우, 세 번째, 절망하여 자기 자신이려고 하는 경우가 그것이다."

83) "누군가가 도약하려면 반드시 혼자 해야 하며 또한 그것이 불가능하다는 것을 올바르게 이해한 채 혼자 있어야 합니다. 도약은 결정입니다." 『철학적 단편에 대한 비과학적 후기』, 요하네스 클리마쿠스 지음(쇠렌 키에르케고르 편집), Howard V. Hong and Edna H. Hong (1992). Princeton University Press. 102쪽.

84) 이렇게 뭔가를 판단해야 한다는 이유로 키르케고르는 '윤리적 실존'에 대한 대변자로 판사라는 직업을 부여하였다.

심미주의자들은 이 도약을 통해 어떤 특별한 지점을 통과해야만 '윤리적 실존'의 영역으로 넘어올 수 있는데 그 특별한 지점은 심미적 실존에 매우 근접한 특정 지점에서 도약을 통해 획득한 윤리적 결정이 윤리적 실존으로 넘어오는 결정적 열쇠가 된다. 일단 윤리적 실존으로 넘어 온 이후에는 그 최초의 윤리적 결정을 확장시키며 새로운 자아를 형성해 가는 것이다.

물론 제한점도 당연히 있다. 단지 추상적으로 새로움을 선택했다는 것만으로는 윤리적 실존이라고 말할 수는 없다. 윤리적 실존의 핵심은 매우 현실적인 헌신이나 약속이 유지되어야 한다. 이 지점에서 키르케고르는 이 헌신의 대상을 매우 다양하게 인정한다.[85] 다만 키르케고르는 이 헌신에 두 가지 조건을 제시하는데, 첫 번째 조건은 자기완성을 위한 노력과 그 다음으로 자신이 아닌 다른 사람을 위한 헌신이었다.[86]

도약을 통해 근본적인(윤리적인) 선택(즉 자신을 선택)을 하였다면 앞서 다양한 역할에 따른 다양한 자아의 분열(양파 껍질을 옮겨 다니는)은 더 이상 존재하지 않는다. 설사 여러 역할을 담당한다 하더라도 각각의 역할에서 자신의 도덕적 헌신이 개

85) 사실 키르케고르는 매우 독실한 기독교도로서 헌신했지만 그는 의외로 칸트주의, 공리주의 등의 철학적 신념에서부터 불교, 사회주의, 무정부주의, 인본주의 등도 그 헌신의 대상이 될 수 있다고 했다.

86) 『키르케고르 실존극장』, 도널드 파머, 정영은 옮김, 필로소픽, 2024. 110쪽.

입되어 일관성 있는 자아가 유지된다. 마침내 자신의 의지에 의해 선택한 자아는 이 도덕적 헌신과 양립할 수 없게 되어 그 조건에 맞지 않는 다른 역할들은 자연스럽게 폐기되는 것이다.

윤리적 실존의 영역으로 들어오기 위해 우리는 선택의 단계를 반드시 넘어야 한다. 즉 자신의 선택으로 무엇을 얻을 수 있는지에 대한 의문을 스스로 해결해야만 한다는 것이다. 빌헬름 판사는 선택을 이렇게 이야기한다.

"선택 그 자체가 인격을 채우는 데 결정적이다. 선택을 하면 인격은 그 선택의 내용에 몰두할 수 있지만 선택하지 않으면 인격은 시들어 소멸하고 만다."[87]

선택을 통해 인격을 채운다는 것은 모든 선택의 경우에 우선적으로 고려해야 할 것은 도덕이며, 그 도덕은 자신이 정해 놓은 선택의 내용(이를테면 기준)에 부합해야 한다는 것을 의미한다. 예를 들어 종교적 도덕을 선택했다면 모든 행동의 기준에 종교적 도덕이 개입되어야 하며 더불어 자신의 행동과 양심이 언제나 그 상황과 신념에 일치하는지에 대한 자문이 필요하다는 것이다. 그리고 그 자문에 충실하게 답할 수 있어야

87) 『Either/Or』(2부), 쇠렌 키르케고르 지음, 임춘갑 역, 다산글방, 2015. 289쪽.

한다는 것을 의미한다. 그렇지 않으면 선택은 무의미해지고 동시에 선택 이전의 상황으로 돌아갈 위험이 커지게 되는 것이다.

3) 종교적 실존 방식

앞서 우리가 본 것처럼 키르케고르가 말하는 윤리적 실존 방식은 너무 가혹하다. 모든 행동에 자신이 선택한 도덕의 기준이 개입되어야 하며 더불어 자신의 행동과 양심이 언제나 그 상황과 신념에 일치하는지에 대한 자문과 성찰이 끝없이 이어져야 한다.

그 끝없는 자문 끝에 도달하는 곳은 언제나 윤리적인 '유죄' 아니면 '무죄'다. 두 개의 결과만 존재한다. 거의 필연적이다. 하지만 무죄라고 해서 그것으로 끝나는 것이 아니다. 지속적으로 신념에 일치되도록 하는 반성과 행동이 뒤따라야만 한다. 따라서 그 어떤, 그리고 작은 유예도 허용되지 않는 가혹한 공간이 바로 키르케고르가 상정한 윤리적 실존 공간인 것이다. 이렇게 가혹한 조건을 만들어 낸 키르케고르의 의도는 사실 '종교적 실존'으로 새로운 도약을 넌지시 권하기 위한 사전 설계였을 수도 있다.

사실 키르케고르 자신도 거의 윤리적 실존에 머무르지 못했다. 그는 약혼녀(레기네 올센)와 불특정한 이유로 파혼을 고지하고[88] 윤리적 실존에 대한 대부분이 설명되어 있는 『Either/Or』(이것이냐 저것이냐)는 자신의 비윤리성을 반성하기라도 하듯 모든 것이 차단된 엄격한 수도원에서 집필되어 키르케고르 스스로 윤리적 실존과는 거리가 상당 부분 있었음을 자인하고 있다. 하지만 그렇다고 해서 종교적 실존 공간이 윤리적 실존 공간보다 더 평화롭고 자유로운가? 절대로 그렇지 않다. 종교적 실존 공간 또한 윤리적 실존에 맞먹을 만큼 매우 건조하고 동시에 엄격하며 때론 거칠다.

88) 키르케고르는 그 이유를 "신께서 결혼을 반대했기 때문"이라는 이해할 수 없는 변명을 했지만 결정적으로 그의 마음에 도사린 우울이었다. "앞서 말한 바와 같이 20대의 키르케고르의 마음을 점령하고 있던 것은 우수憂愁 바로 그것이었다. 그러나 레기네를 사랑하기 시작하자, 사랑의 정념情念이 일시적이나마 이 우수를 극복한 것 같았다. 1840년 9월, 드디어 키르케고르는 자기의 결심을 고백했다. 레기네는 돌같이 굳은 표정으로 그의 말을 듣기만 하고 한마디 대꾸도 하지 않았다. '우수의 안개도 이 찬란한 현실 앞에서는 순식간에 사라진다'고 그는 그날의 일을 그의 일기에 기록하고 있다. 이리하여 그는 레기네와 약혼했다. 그러나 결국 결실을 맺지 못했다. 1841년 10월에 키르케고르는 레기네와의 약혼을 파기하게 되었다." 그가 레기네와의 약혼을 파기한 이유를 이렇게 표현했다. '나는 종교적 인간이다. 그런데 레기네는 나를 이해하지 못한다'라는 말은 『죄가 있느냐, 없느냐』의 거의 매 페이지마다, 때로는 한 페이지에도 여러 번 나온다. 키르케고르는 레기네와 자기를 대비하여 다섯 개의 상황을 제시하고 있다. 1) 나는 자기 속에 죽치고 있다. 그러나 그 여자는 자기 자신 속에 죽치고 들어가 있을 수가 없다. 2) 나는 우울하다. 그 여자는 쾌활하다. 3) 나는 본질적으로 사색가다. 그 여자는 결코 그렇지 않다. 4) 나는 윤리적이고 변증법적이다. 그 여자는 미적이고 직접적이다. 5) 나는 동정적이다. 그 여자는 전적으로 직접적이고, 따라서 극히 순진하지만 자기 자신을 사랑한다. 『불안의 개념』, 쇠렌 키르케고르 지음, 임춘갑 옮김, 다산글방, 2015. 185~188쪽 발췌.

종교적 실존에 대한 이야기가 있는『Fear and Trembling』(두려움과 떨림)은 구약성경의 '아브라함'과 '이삭'이 주인공이다. 일반적인 신앙인이나 일반적인 아버지로서는 도저히 이해하기 어려운 아브라함의 이야기가 핵심 주제다. 매우 비인간적으로 느껴지는 아브라함이 가졌던 믿음의 세계를 통해 종교적 실존 또한 쉽지 않은 세계임을 보여준다.

1843년 키르케고르의 또 다른 가명인 Johannes de silentio(침묵의 요한)로 발표된『Fear and Trembling』의 책 제목은 빌립보서 2장 12절[89]의 내용인 '두렵고 떨리는'을 차용하였다. 하지만 핵심 내용은 창세기 11장에서 22장 사이의 아브라함과 이삭의 이야기를 중심으로 한다.

창세기의 아브라함 이야기를 요약하면 다음과 같다.

아브라함은 히브리의 세습 족장이었다. 그는 이복동생인 사라와 결혼을 하였는데, 그녀는 결혼 당시 아이를 낳을 수 없었다. 아브라함이 일흔다섯이 되던 해(창세기 12:4), 여호와는 그에게 민족을 이끌고 자신이 보여 준 약속의 땅, 즉 가나안으로

89) 그러므로, 사랑하는 여러분, 여러분이 언제나 순종한 것처럼, 내가 함께 있을 때뿐만 아니라, 지금과 같이 내가 없을 때에도 더욱더 순종하여서, 두렵고 떨리는 마음으로 자기의 구원을 이루어 나가십시오. 역시 이 구절은 시편 55장 5절 5 "두려움과 떨림이 내게 이르고 공포가 나를 덮었도다."를 참조한 것으로 보임.

가라고 명한다. 어느 날 여호와는 사라가 아들을 낳을 것이라 약속했고(창세기 12:7), 그 아들이 강대한 나라의 아버지가 되리라고 언약했다. 수년이 지났지만 사라는 임신을 하지 않았다. 그러다 아브라함이 아흔아홉이 되고 사라가 아흔이 되던 해 여호와가 나타나 다시 같은 약속을 했다. 너는 아들의 아버지가 되리라(창세기 17:19~18:15).

몇 년 후 사라는 이삭을 낳았다. 아브라함은 여호와와 약속한 대로 이삭에게 할례를 행했고, 젖을 떼는 날 큰 잔치를 열었다(창세기 21:8). 그리고 창세기 22장 1절～2절에 나오는 무서운 밤[90)]이 찾아온다. 한밤중 잠에서 깬 아브라함의 귀에 여호와의 음성이 들린다.

아브라함은 이 사실을 아무에게도 알리지 않고 망설임 없이 이삭과 함께 길을 떠났다. 황량한 모리아 사막을 가로질러 사흘을 여행한 끝에 목적지에 다다랐고, 아브라함은 여호와가 말한 제단 위에 이삭을 눕혔다. 칼을 높이 들어 이삭을 찌르려는 순간(창세기 22:9～10), 여호와가 나타났다. 여호와는 이삭을 죽이려는 아브라함을 막았다. 그리고 아브라함이 자신의 시험을 통과했다고 말했고, 마침 근처에 있는 수풀에 뿔이 걸려 꼼짝

90) 22장 2절 “여호와께서 이르시되 네 아들, 네 사랑하는 독자 이삭을 데리고 모리아 땅으로 가서 내가 네게 일러 준 한 산 거기서 그를 번제로 드리라.”

못 하고 있던 양을 잡아다가 대신 바치라고 했다. 아브라함은 결국 이삭을 잃지 않았다. 그들은 다시 마을로 돌아가 평생을 축복 속에 살았다(창세기 22:19).

키르케고르에게 이 이야기는 너무나 충격적이었다. 그는 『Fear and Trembling』에서 이렇게 썼다.

"아브라함의 팔에 힘을 준 자(이삭을 죽이려는 그 순간)는 누구였을까? 들어 올린 그의 오른손이 힘없이 내려지지 않도록 이를 지탱한 자는 누구였을까? 이 광경을 눈앞에서 보는 자는 놀라서 전신이 마비될 것이다. 아브라함의 마음에 힘을 불어넣어 주고, 이삭도 어린양도 볼 수 없을 정도로 그의 눈이 흐려지지 않도록 한 자는 누구일까?"[91]

자식을 죽인 다음 태워서 하늘에 제사 지내기 위해 장작을 끌어 모으고 그 위에 자식을 묶어 마침내 칼을 들어 자식의 심장을 노려보는 아브라함의 모습, 이 장면만 놓고 본다면 뭔가에 사로잡혀 또는 뭔가에 짓눌려 자식을 죽이는 부도덕하고 흉악한 범죄자, 혹은 정신이상자 그 이상도 이하도 아니라는 사실에 키르케고르는 책 제목처럼 두려움과 떨림에 사로잡힌 것이다.

91) 『Fear and Trembling』, 쇠렌 키르케고르 지음, 임춘갑 옮김, 다산글방, 2015. 39쪽.

도저히 이해할 수 없는 성경의 이 상황을 두고 키르케고르는 오래 고민하였다. 그리고 키르케고르는 앞서 그가 말한 불안[92]에 이르렀을 것이다. 그렇다 하더라도 키르케고르는 아브라함을 완전히 이해하기는 어려웠을 것이다(누구도 이해할 수 없는 부분이기는 하다). 하지만 키르케고르는 아브라함의 행동을 '무한한 체념[93]의 운동'과 '믿음의 운동'이 동시에 만들어 낸 것이라고 생각하였다. 무한한 체념은 아브라함이 이삭을 포기하게 만드는 부정적인 요소이고, 믿음의 운동은 아브라함이 여호와를 통해 이삭을 되찾게 만드는 긍정적 요소이다. 그런데 무한한 체념이나 믿음의 운동은 사실 하나의 행동 안에 들어있어서 매우 역설적인 상황이다. 이러한 역설을 그나마 인정할 수 있는 영역이 종교일 것이므로 우리는 이것을 종교적 역설로 보는 것이다.

아브라함이 처한 상황, 즉 그것도 정말 어렵게 얻은 사랑하는 아들을 죽여 번제[94]를 올려야 하는 아브라함의 이 기막힌 상황

92) 키르케고르는 불안을 이렇게 정의한다. 이 책의 제1절 4. 키르케고르의 핵심개념 1) 불안 참조.

93) 무한한 체념이란 키르케고르에 의하면 신앙에 앞서는 최후의 단계를 말한다(『Fear and Trembling』, 쇠렌 키르케고르 지음, 임춘갑 옮김, 다산글방, 2015. 55~71쪽).

94) 번제(burnt offering): 불에 제물(동물)을 완전히 태워버리는 종교적 희생의식. 고대 그리스어 '홀로카우스토스(holokaustos)'에서 유래되었는데, 이는 희생양이 재로 변하는 희생 형태이며, 식사로 이어지는 동물 희생과는 다르다. 즉 재가 될 때까지 완전히 태워서 제사 지내는 방식이다.

을 키르케고르는 '무한한 체념의 기사'[95]로 표현했다. 아브라함의 처지를 보자. 그는 여호와의 계시(명령)에 따라 그가 가진 사회적 권리와 책임, 가족으로서의 의무와 사랑 모두를 내려놓고 모리아로 향한다. 아내인 사라를 남겨둔 채 이삭을 데리고 사막으로 떠난 순간 아브라함은 이삭과 사라뿐 아니라 자신의 과거, 미래, 심지어 자아까지도 놓은 상태다.[96] 마침내 아브라함은 이러한 모든 상실에 무한히 체념한다.

이 지점에서 우리는 키르케고르가 '실존'이라는 개념에 접근하고 있음을 발견할 수 있다. 이를테면 무한한 체념에 이른 후(즉 모든 것을 잃은 후) 믿음을 통해 자아를 확인하는 것이 바로 실존의 영역인 것이다. 하지만 무한한 체념이 무조건 부정적인 것은 아니다. 그 속에는 오히려 평화와 안식이 있다.

"이 무한한 체념은 오랜 민간전설에 나타나는 저 저고리와도 같다. 눈물을 흘리며 실을 뽑아내고, 눈물로써 그 실은 표백되고, 저고리는 눈물 속에서 지어진다. 그러나 그렇기 때문에 이 저고리는 쇠나 강철보다도 더 몸을 잘 보호해 주는 것이다."[97]

95) 무한한 것을 위하여 일체의 유한한 것을 체념하는 일밖에 못하는 사람은 '무한한 체념의 기사'에 불과하다. 그러나 무한한 체념은 '믿음'이 아니다.

96) 아브라함이 여호와의 말씀에 복종하기 전까지의 자아는 앞서 이야기한 '윤리적 자아'에 해당된다. 아브라함이 여호와의 계시에 복종하는 순간 그동안 믿었던 자신의 윤리를 포기하게 되므로 이 상태가 바로 자아의 상실이다.

97) 『Fear and Trembling』, 쇠렌 키르케고르 지음, 임춘갑 옮김, 다산글방, 2015. 64~65쪽.

이 말 속에 있는 저고리가 바로 자아다. 자아는 고통(눈물, 표백, 다시 눈물) 속에서 성장한다. 그리하여 자아는 강해진다. 그 강해진 자아가 이전의 윤리적 실존에서 종교적 실존으로 옮겨갈 수 있는 도약의 계기를 제공한다. 눈물로 표백된 고귀하고 존엄한 자아를 향해 다시 한번 더 도약하는 단계에 이르게 되는 것이다.

그러나 심미적 실존에서 윤리적 실존으로의 도약보다 윤리적 실존에서 종교적 실존으로의 도약은 이전의 도약에 비해 더 두렵다. 이전의 도약은 쾌락에 찌든 자아를 버리고 새로운 자아를 위한 것이었다면 윤리적 실존에서 종교적 실존으로 나아가는 도약은 기존의 가치와 질서를 등지는 도약(아브라함의 행동처럼)일 수 있는 것이다.

"무릇 내게 오는 자가 자기 부모와 처자와 형제와 자매와 더욱이 자기 목숨까지 미워하지 아니하면 능히 내 제자가 되지 못하고 … "(누 14:26)

성경에서 예수의 제자가 되는 길을 기록해 놓은 누가복음서의 구절이다. 아브라함의 행동이 성경의 이 말씀으로 언뜻 이해되기도 하지만 보통의 우리, 그리고 키르케고르에게조차도 이해가 어려웠을 것이다. 그래서 그는 『Fear and Trembling』이라는 책을 썼을 것이다.

키르케고르는 아브라함과 이삭의 이야기에서 성경의 이 구절을 떠올린 것은 어쩌면 너무나 당연한 결과로 보인다. 키르케고르에 의하면 아브라함의 행동은 모든 보편을 넘는 일이라고 주장한다.[98)]

보편의 시각으로는 일상적인 윤리, 아버지로서의 윤리나 가족 구성원으로서의 윤리적 차원을 넘어서는 것이 아브라함의 행동이다. 이 상황을 키르케고르는 "윤리적인 것의 목적론적 정지"[99)]라고 표현할 수밖에 없었을 것이다. 이를테면 이러한 윤리적 정지 행위를 도덕적으로 정당화하고 일반화하는 것은 무

98) "믿음이란 곧 개별자가 보편적인 것보다도 높은 곳에 있다는 역설이다. 그러나 주의해야 할 일은 이 운동은 반복되는 것이고, 따라서 개별자가 처음에 보편적인 것 안에 있다가 후에 와서는 보편적인 것보다도 높은 곳에 있는 개별자로서 고립된다고 하는 역설이다. 만일 이것이 믿음이 아니라고 한다면 아브라함은 헛된 존재가 되고, 믿음은 항상 존재하여 왔다는 사실로 인해서 또 결코 이 세상에 존재하지 않았다는 말이 된다. 왜냐하면 윤리적인 것, 즉 인륜적인 것이 최고의 것이고, 헤아릴 수 없는 것은 악, 즉 보편적인 것 안에서 표현되어야만 하는 개별적인 것으로 간주되어 헤아릴 수 없는 것이 인간 속에 남지 않는다면, 그리스 철학이 소유하고 있던 범주 이외의 범주는 필요가 없기 때문이다." 『Fear and Trembling』, 쇠렌 키르케고르 지음, 임춘갑 옮김, 다산글방, 2015. 75쪽.

99) "아브라함의 이야기는 이리하여 이제 위에서 언급한 바와 같은 윤리적인 것의 '목적론적인 정지停止'를 내포한다. 이와 비슷한 사상을 찾아낸 총명한 두뇌나 철저한 연구가가 없었던 것도 아니다. 그들의 지혜는 근본에 있어서 일체는 동일하다고 하는 아름다운 명제에 귀착된다. 조금 더 가까이 가서 살펴본다면 세계를 다 뒤진다고 해도 단 하나의 유사한 것이라도 찾아낼 수 있을까 의심스럽다." 『Fear and Trembling』, 쇠렌 키르케고르 지음, 임춘갑 옮김, 다산글방, 2015. 69쪽.

의미하고 동시에 어리석은 일이다.

도대체 자식을 죽이기 위해 움직이면서도 동시에 자식을 절대로 잃지 않을 것이라는 믿음의 바탕은 무엇일까? 키르케고르는 그것을 '부조리의 힘'[100]으로 생각했다.

키르케고르에게 아브라함은 이해 불가능한 경지였을 것이었다. 그래서 그는 아브라함을 살인자[101]로 부르기도 한다. 하지만 키르케고르는 마침내 아브라함을 이해하는 방향으로 방향을 돌린다. 지금까지 모든 것을 잃을 가능성에 놓여있었던 '무한한 체념의 기사'였던 아브라함에서 전혀 다른 방식으로 다시 모든 것을 얻는 '믿음의 기사'인 아브라함으로 방향을 바꾸는 것이다.

키르케고르는 아브라함과 이삭, 그리고 여호와의 관계를 다

100) "하느님께서 이삭을 요구하신다면 그는 언제든지 이삭을 기꺼이 바칠 생각이었지만 하느님께서는 이삭을 요구하시지 않으시리라는 것을 동시에 그는 믿었다. 그는 부조리不條理의 힘으로 믿었다. 왜냐하면 거기에는 인간적인 타산이 문제될 여지가 없었고, 그에게 그 요구를 하신 하느님이 다음 순간에 그 요구를 철회하신다고 한다면, 그것이 바로 부조리이기 때문이다." 『Fear and Trembling』, 쇠렌 키르케고르 지음, 임춘갑 옮김, 다산글방, 2015. 51쪽.

101) 그의 행위가 그의 감정과 절대적인 모순에 빠지는 순간에 있어서만 그는 이삭을 바칠 수가 있다. 그러나 그의 행위가 현실이 되면 그는 보편적인 것에 귀속하게 된다. 그리고 거기에서는 그는 살인자이고, 어디까지나 살인자로 남는다. 『Fear and Trembling』, 쇠렌 키르케고르 지음, 임춘갑 옮김, 다산글방, 2015. 88쪽.

시 돌아본다.

“시간적인 것 전체를 부조리한 힘을 빌려서 파악하기 위해서는 역설적이고 겸손한 용기가 필요하다. 그리고 이것이 ‘믿음의 용기’인 것이다. 아브라함은 믿음으로 말미암아 이삭을 단념한 것이 아니라, 믿음으로 말미암아 이삭을 얻었다.”[102)]

즉 믿음을 통해 오히려 이삭을 단념한 것이 아니라 이삭을 얻었다고 이야기하고 있는 것이다. 아브라함은 반드시 여호와께서 자신의 일을 멈춰 줄 것이라는 확신을 가지고 있었다는 이야기인데 이 상황은 앞서 우리가 살펴 본 윤리적 자아의 단계에서는 불가능하고 그 자아를 완전히 버리고 전혀 새로운 자아를 얻은(즉 종교적 실존 상태) 이후에 가능한 것이다.

하여 키르케고르는 『Fear and Trembling』 2. 아브라함의 찬사에서 이렇게 말했을 것이다. “하느님을 믿은 자는 어느 누구보다도 위대했다. 어떤 자는 그의 힘 때문에 위대했고, 어떤 자는 그의 지혜 때문에 위대했고, 어떤 자는 그의 소망 때문에 위대했고, 어떤 자는 그의 사랑 때문에 위대했다. 그러나 아브라함은 그 어느 누구보다도 위대했다. 무력無力이 본질인 그의 힘

102) 『Fear and Trembling』 쇠렌 키르케고르 지음, 임춘갑 옮김, 다산글방, 2015, 63쪽.

때문에 그는 위대했다. 어리석음이 그 비밀의 본질인 지혜로 말미암아 그는 위대했다. 광기狂氣의 모습을 빌린 그의 소망 때문에 그는 위대했다. 자기 자신을 미워한 사랑 때문에 그는 위대했다."[103)]

103) 앞의 책, 31쪽.

제2절 후설과 판단중지

1. 후설

에드문트 구스타프 알브레히트 후설[1)]은 현재의 체코(당시는 오스트리아 제국)의 Prostějov(프로스테요프)에서 독일어권 중산층에 속하는 유대인 옷감 상인 가문의 둘째 아들로 태어났다. 역시 현재의 체코 영역인 Olomouc(올로모우츠)에서 고등학교 과정을 마치고 독일의 라이프치히 대학에서 천문학, 수학, 물리학을 공부했다.

1878년 베를린으로 이주한 후설은 프리드리히 빌헬름 대학(현재의 훔볼트 대학)에서 수학을 공부한다. 그곳에서 그의 삶에 전환점이 되는 프리드리히 파울센[2)]의 철학 강의를 듣게 된다. 하지만 1881년 수학 공부를 마치기 위해 비엔나 대학으로 학교를 옮기고 여기서 박사 학위를 취득한다.

1884년 비엔나 대학에서 프란츠 브렌타노[3)]의 철학과 심리학

1) Edmund Gustav Albrecht Husserl(1859년~1938년).
2) Friedrich Paulsen(1846년~1908년): 독일의 신칸트주의 철학자이자 교육자.
3) Franz Brentano(1838년~1917년): 독일의 철학자이자 심리학자. 브렌타노는 심리학을 통해 철학의 기초를 세우려고 함.

강의에 참여하면서 브렌타노에 깊이 공명한 후설은 평생을 철학에 헌신하기로 다짐한다. 1887년 할레 대학에서 가르치기 시작하여 1901년 괴팅겐 대학으로 옮겨 이후 14년을 재직하게 된다. 1916년 후설은 프라이부르크의 알베르트 루트비히 대학교에서 신칸트주의 하인리히 리케르트[4]의 교수직을 맡아 연구를 계속하였다. 1938년 독일 프라이부르크에서 사망한다.

그의 초기 철학은 수학과 심리학, 철학을 결합하려고 시도했다. 수학 박사 학위를 받은 후 후설은 심리학적 관점에서 수학의 기초를 분석하려는 시도를 한다. 하지만 곧 후설은 그의 『논리학 연구』의 첫 번째 부분인 『순수 논리학 서문』에서 논리학과 수학의 심리학적 관점을 스스로 철회한다.

4) Heinrich John Rickert(1863년~1936년): 독일의 신칸트주의 철학자. 하이데거는 리케르트의 조수로 학업 경력을 시작하였고 리케르트의 지도하에 학위 논문을 씀.

2. 후설 철학의 과정

19세기는 철학자들에게 새로운 도전의 세기였다. 이전 시대 최고의 학문의 자리에서 통섭했던 다양한 학문들이 과학적 방법론에 의해 하나둘씩 철학으로부터 독립하는 과정을 지켜보아야 했던 당시 철학자들은 아마도 매우 큰 위기의식에 빠졌을 것이다. 물론 세기를 풍미했던 니체[5] 같은 철학자도 있기는 했다. 하지만 확실히 19세기는 철학의 위기가 분명했다.

그 분위기에서 생겨난 새로운 철학이 분석철학이었다. 분석철학은 프레게[6]로부터 출발한다. 분석철학이란, 이제 여러 학문적 분류로 갈라진 철학의 위기를 철학 그 자체에 시선을 돌려 지금까지의 관성적이었던 모든 철학을 모두 시험대에 올려 하나씩 하나씩 살펴보자는 방향이었다.

즉 이전 시대의 철학처럼 특정한 관점을 정하고 그 관점에 따라 튼튼한 이념을 구성하고 내세우려는 것이 아니라 철학 그 자체의 방법론에 눈을 돌리자는 것이었다. 이를테면 철학 자체의 논리적, 그리고 언어적 문제에 초점을 맞추고자 한 것이다.

5) Friedrich Wilhelm Nietzsche(1844년~1900년): 독일의 철학자이자 작가이다. 서구의 전통을 깨고 새로운 가치를 세우고자 했기 때문에 '망치를 든 철학자'라는 별명이 있다.

6) Friedrich Ludwig Gottlob Frege(1848년~1925년): 독일의 철학자, 논리학자, 수학자. 그는 예나 대학교의 수학 교수이며 분석 철학의 아버지로 알려져 있다.

철학 속에 개입되어 있는 비철학적 언어, 논리적 요소를 털어내고 순수하게 철학적 언어와 논리로 재편하자는 것이었다. 출발점에 있는 프레게가 처음 수리논리학자였다는 것으로 짐작하듯이 철학의 개념, 법칙으로부터 출발하여 언어철학에 이르는 길을 개척하여 러셀[7]과 무어[8]에 이르는 분석철학의 새로운 장을 열게 된 것이었다.

19세기 철학의 위기라는 흐름에 동조하면서도 분석철학과 전혀 다른 새로운 길을 모색한 또 다른 철학적 방법이 바로 현상학이었다. 현상학은 위 분석철학이 문제로 제시한 철학에 개입된 다른 요소들이 있다는 것에 동의하면서 분석철학과 완전히 다른 방향을 제시하였다.

현상학은 사실 논리학과 심리학적 기초를 가지고 있음을 부인할 수는 없다. 대표적인 두 명의 선구자는 바로 체코의 수학자이자 논리학자였던 볼차노[9]와 독일의 철학자이자 심리학자였던 브렌타노였다.

7) Bertrand Arthur William Russell(1872년~1970년): 영국의 수학자, 철학자, 수리논리학자, 역사가, 사회 비평가.

8) George Edward Moore(1873년~1958년): 영국의 철학자로, 버트런드 러셀, 루트비히 비트겐슈타인, 고틀로프 프레게 등과 함께 현대 분석 철학의 기초를 닦은 사람.

9) Bernard Placidus Johann Nepomuk Bolzano(1781년~1848년): 체코의 수학자 및 철학자, 논리학자.

볼차노 논리학의 요지는 선명하다. 즉 명제가 나타내는 '의미'는 그 진위에 상관없이 주관에서 독립하여 그 '자체'로 성립한다고 생각하였다. 명제에 대한 참과 거짓을 판단하는 인간의 인식이나 판단과는 별개로 명제 자체의 존재를 가정하는 것이다.

브렌타노는 이와 같은 '객관'적인 진리의 심리학적 포착을 중심문제로 삼는다. 그는 의식이란 무엇에 관한 의식이라는 점에 주의하여, 의식현상의 본질은 대상을 '지향'하는 데 있다고 주장하였다. 브렌타노의 제자 알렉시우스 마이농[10]은 이와 같은 의식의 '지향성'이라는 관점에 의거하여 대상의 본질구조를 밝히려 했다. 그의 대상론은 보통 표상되는 현실적인 대상만이 아니고, 다만 사유될 수 있을 뿐인 '비현실적인 것'도 충분한 대상으로서 인정하는 것이었다.

후설은 브렌타노의 '의도성 개념'을 채택한다. 의도성 개념이란 개인적 성찰을 통해 주관적 경험을 파악하는 것인데 이것을 브렌타노는 현상이라 불렀다. 현상의 일반적이고 본질적인 특징은 개인의 의도적인 경험이 사물에 대하여 '의식' 또는 '현상'으로 나타난다는 것이다. 이러한 의식으로서의 존재와 사물로

10) Alexius Meinong Ritter von Handschuchsheim(1853년~1920년): 독특한 존재론 및 사물이론으로 유명한 오스트리아의 철학자이자 현실주의자. 정신 철학의 성립에 기여.

표현되는 존재의 기본 성격을 의도성이라고 정의했는데 이것을 후설이 수용한 것이다.

후설은 위 기초적 의미에 부가하여 수많은 사례 분석을 통해 의도성을 현상학의 독립적인 중심 개념으로 확장시키게 된다.

1) 에포케(epoché)

고대 그리스 철학에서 피론주의[11)]자들이 말하는 판단중지를 뜻하는 말이다. 고대 그리스어의 'epekhein'(에페케인=삼가하다, 멈추다)에 유래한다. 회의론자는 어떠한 생각에도 반론反論을 제기할 수 있기 때문에 판단을 중지해야만 하는데 이 상태를 '에포케'라고 불렀다.

피론주의 철학자 엠피리쿠스(Sextos Empeirikos, 2세기 중반-후반)는 '에포케'를 다음과 같이 정의한다. '에포케는 우리가 아무것도 부정하거나 혹은 긍정하지 않는 지성의 상태이다.'[12)] '에

11) 피론주의: 고대 그리스 철학자 피론의 생각. 회의주의懷疑主義(Skepticism)라고 부르기도 함. 회의주의(철학적 회의주의)란 단순한 믿음이나 도그마(Dogma: 독단이나 집념 또는 고집 등으로 해석됨)로 간주되는 지식 주장에 대해 의문을 제기하거나 의심하는 태도를 말한다. 회의론자들은 불신보다는 믿음의 중단, 즉 주장을 긍정하지도 부정하지도 않는 중립적인 태도를 유지할 것을 강조한다.

12) 『Outlines of Pyrrhonism』, Sextos Empeirikos, Translated by Benson Mates Oxford University Press, New York Oxford, 1996. Book I, 3쪽.

포케'를 우리말로 번역하면서 '판단중지'라고 했지만 사실은 판단을 중지하라는 것이라기보다는 사태를 중립적으로 보자는 의미에 가까울지도 모른다. 아무것도 부정하지도, 그렇다고 무조건 긍정하지도 않는 상태, 즉 부정과 긍정 어느 한 쪽으로 치우치지 않은 상태를 말한다. 동양의 중용[13]의 태도와 비슷하다.

2) 후설과 에포케

후설의 철학에서 '진실된 철학적 태도'란 세계에 대하여 열린 태도다. 후설이 살았던 시기(19~20세기)에는 이미 세계를 다루어 온 철학이론과 과학이론이 넘쳐났다. 엄청난 이론이나 규정들이 있었음에도 불구하고 후설이 철학하는 태도와 관련지어 그만의 새로운 규정을 시도하려는 이유는 무엇이었을까? 지금까지의 세계 개념은 정당한 철학적 태도에 근거해 규정되지 못했다는 나름의 판단 때문이었다.

후설의 논의는 일상적, '자연적 태도'로부터 시작한다. 여기서 '자연적 태도'란 우리가 일상적으로 취하는 태도로서 익숙하고 의도하지 않는 태도다. 일상적, 자연적 태도는 그 자체로는

13) 中者 不偏不倚無過不及之名 庸 平常也('중'이라 함은 치우치지 않고 기대지도 않으며 지나침도 없고 미치지 않음도 없는 것의 이름이요, 용은 평평함이 유지되는 상태다. 中庸章句 第1章 天命之謂性).

전혀 문제될 것이 없다. 다만 이러한 자연적 태도를 철학적 관점에서 바라볼 때는 문제가 될 수 있다. 하지만 일반적으로 일상의 태도(자연적 태도)를 철학적 태도라고 생각하지는 않았다. 어쩌면 이러한 태도는 거의 습관에 가깝다.[14)]

3) 자연적 태도, 판단중지

자연적 태도에 대한 판단중지는 자연적 태도 자체를 부정하는 것이 아니라 자연적 태도의 저변에 깔려있거나 전제된 세계의 존재에 대한 믿음과 확신을 먼저 중지하는 것이다. 곧 자연적 태도에 대한 판단중지란 '자연적 삶의 태도를 변경'하는 것이다.[15)] 이를테면 자연적 태도에 따른 판단중지란 지금까지 분명하다고 생각했던 세계의 모든 존재에 대한 판단을 잠시 멈추는 것이다. 이것은 앞서 이야기한 것처럼 세계와 존재, 그리고 그 실재성을 부정하는 것이 아니라, 다만 그것들의 여부에 대해 중립적 태도(중용의 태도)를 취하는 것이다.

이러한 태도에 의한다면 지금까지 당연한 것으로 믿어왔던 모든 것, '세계가 이렇게 존재한다.' 혹은 '그렇지 않다.' 등의 태

14) 『에드문트 후설 엄밀한 학문성에 의한 철학의 개혁』, 박인철 지음, 살림, 2013, 21쪽.

15) 『위기』: Die Krisis der europaeischen Wissenschaften und die transzendentale Phaenomenologie, Den Haag, 1976. 151쪽 이하.

도는 일단 멈추게 되고 나아가 모든 초월적 상황(심지어 신까지도)조차도 멈추는 것이다.

후설의 이런 방식을 설정하는 것은 우리가 기존에 보아왔던, 그리고 생각해 왔던 세계는 오로지 우리의 관심 속에서만 존재하기 때문이다. 이를테면 후설의 이런 방식은 우리는 우리가 규정했고 또 규정하려는 대상 속에 그것들을 규정하려는 우리의 규정이 매몰되어 있기 때문에 그것으로부터 벗어나려는 방법론인 것이다.[16)]

4) 판단중지의 목적

후설은 판단중지를 통해 '초월론적 의식'[17)]을 발견하고, 이를 근거로 세계에 대한 새로운 규정을 하고자 한다. 즉 '이 세계가 의식에 어떻게 주어지고 보이는가?'라는 점에 주목한다. 다시 말하면 판단중지의 순수한 목적은 '세계 자체와 세계 의식 간의 초월론적 상관관계의 발견과 탐구'[18)]를 위함이다. 현재 우리가 보고 세계 자체를 넘어 존재하는 세계 의식, 이를테면 어떤 것

16) 앞의 책, 146쪽.

17) 세계-내-존재로서의 경험적, 심리적 의식과는 차별화되는 '순수 의식(reines Bewusstsein)'을 가리켜 후설은 특별히 '초월론적 의식(transzendentales Bewusstsein)' 혹은 '초월론적 주관성(transzendentale Subjektivitaet)'이라고 부른다.

18) 앞의 책, 154쪽.

에 의존하지도 않고 어떤 것에 의해 규명되지도 않으며 있는 그대로의 완전한 상태를 이해하려는 기초적 단계로 판단중지가 필요하다는 것이다.

후설에 의하면 "자명한 것을 의심스럽고 수수께끼와 같은 것으로 보아야 하며, 그리하여 우리는 마침내 세계 존재의 보편적 자명성을 이해할 수 있도록 한다는 학적 주제를 가질 수밖에 없다."[19]고 주장하였다.

5) 실존 철학과의 연결고리

스스로 후설을 계승했다고 생각했으나 이후 완전히 새로운 길을 간 하이데거에 의하면 우리의 일상언어로 표현된 대상들은 일상언어의 오염으로 인해 대상의 본질과 너무 멀어졌다고 생각했다. 따라서 오염된 언어로는 철학적 탐구를 할 수 없다고 생각했다. 이러한 입장은 하이데거 이전의 분석철학자들에 의해 이미 논의된 바 있다. 분석철학자들은 단지 언어를 분석함으로써 언어에 개입된 불순물을 분리하면 된다고 생각했다. 이러한 상황에 대하여 하이데거와 동갑내기인 분석철학의 대

19) 앞의 책, 183~184쪽.

가인 비트겐슈타인[20]은 그의 책 『논리철학논고』에서 이렇게 표현한다.[21]

하지만 하이데거는 이러한 문제에 대하여 다른 견해를 가지고 있었다. 하이데거는 기존의 언어체계를 통해서는 자신의 철학적 세계를 설명할 수 없다고 판단한 것은 비트겐슈타인과 생각이 같았지만 하이데거는 자신만의 독특한 형식의 언어를 창조하게 되는데 기존의 언어체계로 해석되는 세계에 대하여 '판단중지'하고 다시 새로운 언어체계로 자신의 철학적 세계를 열어간 것이다.

20) 루트비히 요제프 요한 비트겐슈타인(Ludwig Josef Johann Wittgenstein, 1889년~1951년)은 논리학, 수학 철학, 심리 철학, 언어 철학을 다룬 오스트리아 출신이며 영국에서 명성을 떨친 철학자.

21) 『Tractatus Logico-Philosophicus』, Ludwig Wittgenstein, 이영철 옮김, 책세상, 2020. 3.323~3.328, 4.002, 참조.

3. '제3절 존재와 시간'을 읽기 전에 미리 이해해야 할 사실

1)

지금까지 알고 있었던 우리의 지식 체계를 뿌리부터 흔드는 새로운 용어가 등장하고 그 용어를 끝없이 증폭시켜 사용하는 하이데거의 『존재와 시간』의 근본 목적은 이미 존재하는 모든 철학적 방법론에서 벗어나 새로운 방향과 영역을 만들고자 함이었다. 따라서 책을 읽는 독자 역시 선입견을 가지지 말고 하이데거의 견해를 수용하는 자세가 필요하다. 하지만 말처럼 쉽지는 않다. 이 책을 쓰면서 나 역시 줄곧 그 문제에 휘둘렸음을 인정한다.

2)

대부분의 철학적 용어 옆에 독일어를 나란히 쓴 것은, 하이데거가 사용한 독일어 용어가 워낙 독특해서 용어 그대로 표시하여 다양한 해석의 여지를 두고자 함이다. 더불어 그 오해를 가능한 최소화하고, 가끔 독일어 자체로 이해하는 것이 더 쉬울 수 있으므로 독일어 사전을 찾아보기를 권유하는 마음으로 표시하였다. 하지만 독일어 사전에서도 그 뜻이 모호한 경우가 참 많다. 그런 경우에는 의역이나 추론이 필요하다. 이것은 하이데거가 이 책을 쓰면서 예견하고 동시에 그렇게 방향을 잡았을지도 모른다.

초, 중, 고에서 새로운 교육과정이 나타날 때마다 여러 과목이 사라지고 생겨나는데, 개인적으로 제일 안타까운 것은 제2 외국어 교과의 쇠락이다. 현재 대부분의 고등학교에서(물론 일부 학교는 예외가 있다.) 제2 외국어로 살아남아 명맥을 유지하는 교과는 일본어와 중국어 정도이다. 이미 독일어와 프랑스어는 오래전에 대부분의 고등학교 교육과정에서 사라진 상태다. 이런 상황에서 이 책에 독일어를 나란히 쓰는 것은 어찌 보면 엉뚱한 일일 수 있다. 이 책을 보는 누구라도 독일어를 마주하고 불편할 수 있다. 하지만 제한된 교육과정의 틀 안에서 날로 다양성을 잃고 오로지 몇몇 중요과목에서 점수를 잘 획득하여 입시에 성공하는, 그야말로 날카롭고 뾰족해지는 방법만을 터득하는 것이 분명 좋은 교육일 리 없다. 넓게 그리고 깊게 알고 풍부해지는 교육을 막아서는 입시 중독 사회의 짙은 그림자가 우리 사회에 길게 드리워져 있다. 이 책은 그에 대한 최소한의 저항이다.

3)

독일어 원전을 번역한 몇 개의 책과 독일어를 개인적으로 번역한 부분을 참고하여 썼다. 그 과정에서 독일어 원전이 번역되는 과정도 과정이지만 독일어 원전 자체도 매우 난해하다는 것을 깨달았다. 한 문장에 주어 역할을 하는 단어를 여러 개 사용하는 것(물론 주어는 하나지만)은 자주 있고(문장이 길어진다.) 단절되는 의식의 흐름처럼 앞 문단과 따라오는 문단이 매끄럽게 연결되지 않는 곳이 너무 많았다(물론 나의 능력의 한계일 가능성이 높다). 하기야 독일 사람들조차도 "이 책(『존재와 시간』)은 언제 독일어로 번역되냐?"라고 이야기한다는 우스갯소리가 있을 정도로 난해하고 동시에 변화무쌍한 내용이다. 따라서 우리말로 옮겨진 이야기가 어려워질 수밖에 없다. 인도 · 유럽 어족인 독일어가 어족이 완전히 다른 한국어로 번역되는 과정에서 생기는 독특한 오류를 넘어서기에는 여러 한계가 있다. 번역이나 해석의 문제에서 발생되는 오류는 겸허하게 수용할 것이라는 것을 미리 밝혀둔다.

4)

이 모든 어려움에도 불구하고 우리는 이 내용을 넘어서야 한다. 이유는 자명하다. 세계를 보는 다양한 철학적 시선이, 세상이 복잡해질수록 더욱 중요해지는 것은 더 말할 필요가 없다. 우리는 한 걸음 한 걸음 나아가면서 세계 안에서 실존하는 우리의 모습을 확인할 필요가 있다.

제3절 존재와 시간

『존재와 시간』을 읽으면서 하이데거의 정교함에 휘말려 너무나 세부적인 것에 천착하다 보니 혼란과 정신적 예리함의 마비를 겪는다. 그러다 보니 이 책이 우리에게 보여주는 큰 그림을 자칫 놓칠 뻔했다. 전체적인 책의 얼개를 통해 나무와 숲을 동시에 보고자 한다.

그런 측면에서 이 책의 구성을 큰 틀에서 되짚어 볼 필요가 있다.

현존하는 『존재와 시간』[1927년, '후설'이 펴낸 학술잡지 '철학 및 현상학 탐구 연보(Jahrbuch für Philosophie und phänomenologische Forschung)' 제8집에서 처음으로 발표되며 별책부록으로 출판된]은 서론과 본론으로 구성되어 있다.

서론에서 하이데거는 존재물음의 '필요성'과 '방법론'에 대한 이야기를 개괄적으로 설명한다. 그에 따르면 존재물음은 철학의 초기부터 오늘에 이르기까지 가장 핵심적이고 기본적인 물음이다. 그럼에도 불구하고 '있다(sein, 존재)'라는 개념은 너무 보편적으로 사용되고 숙지되어 있어서 도리어 불투명한 것으로 남아 있으니, 무엇보다도 먼저 이 개념을 정확하게 정의할 필요가 있다고 주장한다.

그러한 정확한 용어의 정의를 위한 방법론으로 하이데거는 '현상학'을 활용하였다.

1. 후설의 현상학으로부터

'후설'의 현상학은 "zu den Sachen selbst!(=the things themselves!, 사물 자체로!)"라는 말로 대표된다. 후설의 현상학은 칸트 학파의 논리적 구성주의를 넘고, 분석철학과는 달리 객관의 본질을 진실로 포착하려는 데에 중심을 두어, 철학을 경험과 의식의 구조들을 연구하는 '최초의 과학'('erste Wissenschaft'= Prima philosophia)으로 돌려놓는 것이었다.

즉 '후설'은 분명한 인식을 획득하기 위해 모든 실재적인 것을 괄호 속에 묶어놓고 그것을 의식 속으로 환원해서 그 의식을 분석하려고 시도하였다.

하지만 '하이데거'는 '사물 자체로=zu den Sachen selbst'를 다시 한번 처음부터 되짚어가면서 이 책, 『존재와 시간』을 집필하였다. 결과론이지만 『존재와 시간』은 '후설'의 '사물 자체로'와는 거리가 멀어져 '실존'이라는 당시로서는 다소 낯선 세계에 당도하였다. '하이데거'는 이 책을 스승이었던 '후설'에게 헌정(EDMUND HUSSERL in Verehrung und Freundschaft zugeeignet, 존경과 우정으로 에드먼트 후설에게 바친다.)하였지만 안타깝게도 '후설'은 이 책 이후로 '하이데거'와의 관계를 절연하였다고 알려져 있다. 아마도 자신이 제시하고 구성했던 세계를 넘어선 '하이데거'에 대하여 거대한 이질감을 느꼈을 수도 있다.

2. 책의 구성

서론은 존재의 의미에 대한 물음과 설명(Die Exposition der Frage nach dem Sinn von Sein)을 두 개의 장(Kapitel=Chapter)으로 나눈다(Kapitel의 하위항목인 절은 '§' 표시를 쓰며『존재와 시간』 전체를 83절로 나누어 설명한다.). 서론 아래에는 2장을 독립적으로 배치하여 서론의 핵심주제인 존재와 그 의미에 대한 질문의 필연성과 질문의 구조, 그리고 위계관계를 1장에서 설명하고, 2장에서는 존재에 대한 질문의 정교화와 이중작업(=먼저 기존의 존재론을 해체하고 그 기초 위에서 존재에 대한 새로운 질문을 구성해야 하는 일)에 대한 조사방법과 개요를 설명한다.

1장은 존재물음의 필연성, 구조 그리고 우위(Notwendigkeit, Struktur und Vorrang der Seinsfrage), 2장은 존재물음의 정리작업에서의 이중의 과제 탐구의 방법과 개요(Die Doppelaufgabe in der Ausarbeitung der Seinsfrage Die Methode der Untersuchung und ihr Aufriss)이다.

– 1부, 1편~2편

1부는 '현존재를 시간성으로 해석하고 시간을 존재에 대한 물음의 초월론적인 지평으로 설명함(Die Interpretation des

Daseins auf die Zeitlichkeit und die Explikation der Zeit als des transzendentalen Horizontes der Frage nach dem Sein)'이다. 즉 시간성의 관점에서 존재를 해석하고 존재를 초월하여 입증되는 시간성에 대하여 설명하고자 한다. 즉 이 책의 서술의 방향이자 동시에 종착지점이다.

하이데거는 1부라고 씀으로써 2부, 3부를 암시했지만 책은 1부에서 끝이 나고 만다(정확하게는 1부도 3편 중 2편만 집필). 본래 계획은 1부 존재에 대한 예비적 기초분석, 존재와 시간성, 시간과 존재와 2부 존재론 역사의 현상학적 파괴의 기본 특징(칸트에게, 데카르트에게, 아리스토텔레스에게)으로 계획되었지만 실제로는 1부의 '존재에 대한 예비적 기초분석'과 '존재와 시간성'만이 집필되었다.

제1편 현존재에 대한 예비적 기초분석(Die vorbereitende Fundamentalanalyse des Daseins) 아래에 6장으로 나누어져 있다.

1장 현존재를 예비적으로 분석해야 하는 과제의 설명(Die Exposition der Aufgabe einer vorbereitenden Analyse des Daseins) 아래에 9~11§이 있다.

2장 현존재의 근본구성틀로서의 세계-내-존재 일반(Das In-der-Welt-sein ueberhaupt als Grundverfassung des Daseins) 아래에 12~13§이 있다.

3장 세계의 세계성(Die Weltlichkeit der Welt) 아래에 14~24§이 있다.

4장 더불어 있음과 자기 자신으로 있음으로써의 세계-내-존재. "그들"(Das In-der-Welt-sein als Mit- und Selbstsein. Das "Man") 아래에 25~27§이 있다.

5장 안에-있음 그 자체(Das In-Sein als solches) 아래에 28~38§이 있다.

6장 현존재의 핵심은 염려(Die Sorge als Sein des Daseins) 아래에 39~44§이 있다.

제2편 현존재와 시간성(Dasein und Zeitlichkeit) 아래에 6장으로 나누어져 있다(45§이 바로 이어져 있다.).

1장 현존재의 가능한 전체존재와 죽음을 향한 존재(Das mögliche Ganzsein des Daseins und das Sein zum Tode) 아래에

46~53§이 있다.

2장 존재의 실제적 가능성에 대한 실존적 확신과 결단(Die daseinsmässige Bezeugung eines eigentlichen Seinkönnens und die Entschlossenheit) 아래에 54~60§이 있다.

3장 존재자의 온전한 존재 가능성과 염려의 존재론적 의미로서의 시간성(Das eigentliche Ganzseinkönnen des Daseins und die Zeitlichkeit als der ontologische Sinn der Sorge) 아래에 61~66§이 있다.

4장 시간성과 일상성(Zeitlichkeit und Alltäglichkeit) 아래에 67~71§이 있다.

5장 시간성과 역사성(Zeitlichkeit und Geschichtlichkeit) 아래에 72~77§이 있다.

6장 시간성과 일상 시간개념의 근원으로서의 시간내재성(Zeitlichkeit und Innerzeitigkeit als Ursprung des vulgären Zeitbegriffes) 아래에 78~83§이 있다.

3. 하이데거

하이데거[1]는 독일 남부 바덴뷔르템베르크 주의 지크마링겐구 작은 마을 메스키르히에서 1889년 9월 26일 Friedrich와 Johanna Heidegger 부부의 첫째 아들로 태어났다. 아버지 프리드리히는 통조림 공장을 운영했고 지역 가톨릭 교회 관리인이었다. 1906년부터 하이데거는 프라이부르크의 주교 신학교에서 살면서 부설 고등학교를 졸업하였고 고등학교를 졸업한 후 1909년 9월 펠트키르히(지금은 오스트리아 영역)에서 예수회 수련사로 입회했지만 심장병으로 인해 한 달 만에 수도원을 떠났다. 대신 그는 신학생이 되어 프라이부르크 대학에서 신학과 철학을 공부했다.

1911년 천식성 심장 질환 진단을 받고 신학 공부를 완전히 포기하게 된다. 신학을 포기한 하이데거는 철학, 수학, 역사, 자연 과학으로 관심을 돌리게 된다. 당시 철학은 신칸트주의[2]가 주류를 이루고 있었다. 이 시기에 하이데거에게 지대한 영향을 미친 두 개의 텍스트가 있었다. 바로 프란츠 브렌타노의 『아리스토텔레스에 의거한 존재자의 다양한 의미에 관하여』(Von der

1) Martin Heidegger(1889년~1976년).

2) 신칸트주의(Neukantianismus): 1860년대에 오토 리프만과 프리드리히 알베르트 랑게가 주도한 철학 운동으로, 임마누엘 칸트의 초월적 논리와 인식론적 저술에 의지하여 유물론에 반대하는 철학의 일파.

mannigfachen Bedeutung des Seienden nach Aristoteles)와 『존재에 관하여』(Vom Sein)였다. 하이데거는 스스로 어린 시절의 신학적 배경이 없었다면 자신의 사고의 길을 걸을 수 없었을 것이라고 고백했다.

1913년 하이데거는 아르투르 슈나이더[3]로부터 '심리학에서의 판단력(Die Lehre vom Urteil im Psychologismus)'에 관한 논문으로 철학 박사 학위를 받았다. 1915년에 근대 철학의 진리 개념 에 대한 강의를 시작한다.

1916년 드디어 현상학자 에드문트 후설이 프라이부르크 대학에 오게 된다. 후설은 하이데거에게 자신의 연구에 대한 통찰력을 제공했고, 하이데거는 회고하며 이 가까운 관계가 자신에게 얼마나 큰 도움이 되었는지 자주 강조한다. 하이데거는 마르부르크에서 특별 교수직을 얻기 위해 1922년 파울 나토르프[4]를 위해 아리스토텔레스에 관한 책의 스케치를 준비했는데, 이 책의 이름은 나토르프 보고서였고, 여기에는 그의 책 『존재와 시간』과 관련된 아이디어가 준비되고 있었다.

3) Artur Carl August Schneider(1876년~1945년): 독일의 철학자. 슈나이더는 할레와 브레스라우에서 철학과 고전학 및 경제학을 공부했고 심리학으로 박사학위를 취득했다.

4) 파울 게르하르트 나토르프(Paul Gerhard Natorp, 1854년~1924년) 독일의 철학자 이자 교육자로, 신 칸트주의 마르부르크 학파의 공동 창립자 중 한 명이다. 플라톤 철학의 권위자로 알려져 있다.

1923년부터 1927년까지 마르부르크 대학교에서 특별 교수로 재직하였으며 마침내 1927년 그의 획기적인 대작인『존재와 시간』이 출판된다. 1933년 나치가 권력을 장악하면서 하이데거는 자신이 국가 사회주의 혁명이라고 여겼던 나치에 열정적으로 참여한다. 그런 이유로 1933년 그는 프라이부르크 대학교 총장이 된다. 하이데거는 총장으로 재임하는 동안 나치 선전에 적극적이었으며 많은 유대인 학자들의 해고에 직, 간접적으로 관여하게 된다. 1934년 하이데거는 독일 법학 아카데미의 법철학 위원회 창립 멤버가 되었고 1936년까지 위원회 위원으로 활동한다. 1935년부터 1942년까지 니체 기록보관소의 과학위원회 위원으로 활동했다. 2차 대전이 끝난 후 나치의 심판 과정의 일환으로 프라이부르크 대학교 철학부는, 1945년 보고서를 발표하여 일부 교수들의 동의를 받아 하이데거의 은퇴를 주장한다.

1946년 이후 신체적, 정신적 붕괴를 겪은 하이데거는 은퇴 조건으로 강의 교수의 자격을 얻어 그해 겨울 학기에 프라이부르크 대학에서 다시 강의를 재개한다. 1976년 5월 26일, 하이데거는 86세의 나이로 프라이부르크에서 사망한다.

1927년에 출판된 그의 책『존재와 시간』은 20세기 철학의 걸작 중 하나로 여겨진다. SZ로 약칭되는 이 책은 현대 해석학과 실존 철학의 원동력이 된 것으로 간주되며 오늘날까지도 국제적인 철학적 논의에 영향을 미치고 있다. 이 책은 프랑스 구조주의와 포스트구조주의, 해체주의, 포스트모더니즘 결정적인 영감을 주게 된다. 유명한 학자로는 장 폴 사르트르,[5] 한스 게오르그 가다머,[6] 한스 조나스,[7] 카를 뢰비트,[8] 헤르베르트 마르쿠제,[9] 한나 아렌트[10] 등 현대 실존주의 철학자들의 주요 작품을 이해하는 반드시 거쳐야 할 관문이 되었고, 현상학자인 모리스 메를로-퐁티[11]와 에마뉘엘 레비나스[12] 등에게도 영감을 주었다. 정신분석학에서는 자크 라캉[13]에게로 연결된다.

---

5) Jean-Paul Sartre(1905년~1980년): 무신론적 실존주의 사상을 대표하는 프랑스의 작가이자 철학자이다.

6) Hans-Georg Gadamer(1900년~2002년): 독일의 철학자. 해석학과 관련된 대작 진리와 방법(Wahrheit und Methode, 1960년)으로 명성을 얻었다.

7) Hans Jonas(1903년~1993년): 독일의 생태주의 철학자.

8) Karl Lowith(1897년~1973년): 독일의 철학자이다. 유태인이라는 이유로 나치의 압박을 받아 일본으로 건너가 동북제국대학 강사를 역임하였다. 그 후 미국으로 갔다가 제2차 세계대전 이후 하이델베르크 대학 교수가 되었다.

9) Herbert Marcuse(1898년~1979년): 독일과 미국의 사회철학자이며, 프랑크푸르트 학파 중 사회주의 사회학자로 분류된다.

10) Hannah Arendt(1906년~1975년): 독일 출신의 홀로코스트 생존자이자 철학자, 작가, 정치 이론가이다.

11) Maurice Merleau-Ponty(1908년~1961년): 프랑스의 철학자. 장폴 사르트르와 함께 프랑스 현대 철학의 양대 산맥으로, 현상학과 실존주의 철학을 연구함.

12) Emmanuel Levinas(1906년~1995년): 프랑스 철학자(현상학자)이자 탈무드 주석가로 유명하다.

13) Jacques Lacan(1902년~1981년): 프랑스의 정신의학자이자 정신분석학자이다.

4. 실존

우리는 살고 있다. 나의 의지와 무관하게 이 세상에 던져(피투被投, Geworfenheit)졌기 때문에 어찌할 수 없이 삶을 유지하고 있다. 더불어 현존재인 우리는 각자의 삶에 관심을 기울이고 있다. 그 상황을 우리는 '실존(독 Existenz, 영 Existence)'이라고 한다.[14)]

하이데거에 따르면 "현존재의 본질은 그의 실존에 있다(Das Wesen des Daseins liegt in seiner Existenz.)"라고 한다.[15)] 이 말에서 '실존'이 가리키는 방향은 다음과 같다. 즉 현존재의 존재는 "내가 어떻게 살고 있으며, 어떻게 살 수 있는가?" 하는 질문이 현존재를 향했을 때 가능해진다는 것이다.[16)] 이 말은 현존재인 인간은 어떤 조건이나 상황에서도 자신에게 관심을 기울이면서 살아가는 존재일 수밖에 없다는 것이다.

이 말의 배경에는 존재의 본질이 무엇이든 간에 실존하는 것이야말로 중요하다는 의미를 가지고 있다. 고대 그리스 철학에 영향을 받은 이전 시기의 모든 철학에서는 늘 존재를 실존의 우

14) SZ 11판, 1967, 12쪽.
15) 앞의 책, 42쪽.
16) 『존재와 시간 강의』, 소광희 지음, 문예출판사, 2003, 49쪽.

위에 두려고 했다. 따라서 존재는 언제나 보편적이고 동시에 이성적이어야만 했다. 하이데거는 이 원칙을 파기하고 실존이야말로 '존재'에 앞선다는 것을 증명해 내려 했다.

실존의 문제는 현존재의 자각, 그리고 자신에 대한 이해와 무관하지 않다. 현존재의 자각은 자신으로 사는 것과 자신으로 살지 않는 두 가지 경우를 모두 포함한다. 자신으로 살지 않는 좋은 예는 자신 외에 세상의 다른 일에 골몰하여 있는 경우를 말한다. 이렇게 현존재의 자각을 대상으로 할 때 그 상황을 우리는 일반적으로 '실존적'이라고 부른다.[17)]

17) SZ 11판, 1967. 12쪽.

5. 범주

하이데거가 말하는 실존적이라는 것은 앞서 말한 것처럼 현존재가 자신으로 살든, 혹은 무엇인가에 골몰하여 자신을 잠시 잊어버리든 간에 그 자체가 완벽하게 '실존적'이다. '실존적'에서 더 나아가 '실존론적(Existenzial)'인 관점도 가능한데, '실존론적'이라 함은 현존재가 현존재인 자신에 대한 구조적 성찰 혹은 분석을 말한다.[18]

이른바 '실존론적 분석'은 '실존범주(Existenzialien)'[19]에 입각하여 분석하는 것을 말한다. 여기서 '실존범주'란 현존재의 모든 존재방식과 존재양식[20]을 말하는데 이것은 '일반범주(Kategorie)'[21]와는 완전히 다르다. '일반범주', 즉 '범주'의 의미는 '비현존재적 존재자(인간을 제외한 모든 존재)'에 대하여 말하거나 표현할 때 필요한 언어의 기본적인 구조를 말한다.

18) 앞의 책, 13쪽.

19) 앞의 책, 45쪽.

20) '실존범주'는 하이데거의 독창적인 개념으로서 '현존재의 존재 성격은 실존성에 의하여 규정되기' 때문에 '실존범주'라고 불렀다. 즉 현존재가 살아가는 모든 방식이 바로 '실존범주'에 해당한다. 이를테면 먹고, 자고, 생활하는 모든 사태가 곧 실존범주인 것이다.

21) Kategoriai(독, 범주)의 본래 의미는 그리스어의 katēgoria로서 '반대하다', '비난하다', '제시하다'에서 출발하여 아리스토텔레스 시대에는 '주장하다', '명명하다'라는 의미로 약화되었다.

1) 피투(Geworfenheit)

이 세상에 던져진 우리는 던져진 원인을 알지 못한 채 마침내 죽어 간다(Sein zum Tode-죽음으로 향한 존재). 세상에 던져진 우리는 끝없이 자신의 상황을 알아내려고 노력했고, 마침내 누구나 죽음이라는 지점에 이르게 된다는 것을 알게 되었다. 모든 던져진 자들이 모두 죽는다는 자명한 방향은 파악했지만 각자의 죽음에 대한 구체적이고 분명한 지점은 아무도 가지지 못하고 끝없이 이어지는 현재에 다만 존재하고 있는 것이다. 이를테면 이것이 우리의 실존일 것이다.

하지만 세상의 모든 현상과 존재는 항상 그것과 상반되는 것들과의 관계 속에서 존재하게 된다. 이것이 바로 자연의 불변하는 질서이고 법칙이다. 우리의 실존에 상반되는 것은 죽음인가 아니면 '시간성(Zeitlichkeit)'인가? 존재자인 우리 주위를 둘러싸는 자연 역시 필연적으로 소멸의 방향으로 나아가지만 던져진 우리는 그 상황에 관심을 기울일 수 없는 처지로서 단지 '세계성(Weltlichkeit)', 즉 '주체와 객체의 분할(Subjekt-Objekt-Spaltung)'로 파악될 뿐이다.[22] 안타깝지만 우리는 우리 스스로 주체와 객체를 특정할 수는 없다.

22) 앞의 책, 53쪽.

하이데거에 따르면 유사 이래의 모든 철학이 인간이 '존재'로 이해하는 것에 대해 다양한 답을 제시했지만, '존재'에 대한 의미를 탐구하는 방식, 즉 '존재'와 '존재'의 관계에 기초한 '존재' 질문을 제기한 적이 없다고 지적한다. '존재'가 항상 독립적으로 혹은 개별적인 것으로 존재할 것이라는 서양 철학의 오랜 전통을 비판한다. 특정 '존재'만으로는 그 '존재' 관계를 이해할 수 없고 '존재'한다는 진술만으로는 그 '존재'의 의미를 이해할 수 없다.[23)]

2) 시간성(Zeitlichkeit)

'존재'를 다만 '존재'로만 상상하면 시간과의 관계가 완전히 무시된다. 예를 들어 '존재'를 실체 또는 물질로 정의하면 '존재'는 오로지 현재와 관련될 뿐이다. '존재'하는 것은 현재이지만 과거에도 '존재'했고 '미래'에도 '존재'할 것이라는 이야기는 설명이 어렵게 된다. 이런 점에서 하이데거는 시간이 '존재'를 이해하는 데 필수적인 조건임을 보여주려 한다. 간단히 말해서 시간은 관계를 형성할 수 있는 기반이 되기 때문이라고 생각했다. 예를 들어, 우리가 사용하는 망치는 다가오는 폭풍으로부터 보호할 수 있는 집을 짓기 위해 판자에 못을 박는 데 사용

23) 『Sein und Zeit』, M. Heidegger, 이기상 역, 까치, 1998. 서론: 존재의 의미에 대한 물음의 설명 일부 요약.

되었다면, 이때 망치는 단순히 철과 나무로만 '존재'하는 것이 아니라 시간성 속에서 이해되어야만 한다는 것이다.

3) 로고스(Logos, λόγος)[24)]

하이데거 당시나 지금이나 로고스는 늘 다의적인 의미로 해석된다. 이를테면 이성理性, 판단判斷, 개념槪念, 정의定義, 근거根據, 관계關係 등이 있다. 이 중 '판단判斷'[25)]은 I. Kant가 주장한 '결합結合'이나 혹은 입장立場의 의미를 가지는 판단判斷을 의미하지는 않는다.

하여 로고스는 이렇게 정의할 수 있다.

즉 "'말'이 되고 있는 '그것'을 드러나게 함." 이 정의를 다시 하이데거는 하나씩 풀어헤친다.

♣ '어떤 것을 보이게 한다': 이것을 해석해 보면 '어떤 것'에 대해서 이야기되고 있는 '그것(앞선 문장 전체, 즉 '어떤 것'에 대해서 이야기되고 있는)'을 그것을 이야기하는 사람들이(화자話者인

24) 『Sein und Zeit』, M. Heidegger, 이기상 역, 까치, 1998, 53쪽.

25) 칸트(Immanuel Kant)가 말하는 ~판단(~Urteil)은 『순수이성비판』(Kritik der reinen Vernunft)에 의하면 단순 '의견'이나 '인식'이 아니라, 개념들을 연결하여 '인식'을 구성하는 사고 행위이다. 즉 '판단'을 이성이 세계를 이해하는 방식으로 이해했다.

그 사람을 포함하여) 서로(그리고 청자聽者 역시 포함)에게 보이도록 하는 것.

♣ 아포판시스(αποφανσιs, 알레테이아, 즉 진리)로서의 로고스

① 이야기가 되고 있는 '그것'을, '그것' 자체로부터(청자聽者)에게 보이도록 해준다.
② (대화에서 오가는 말이 진정한 말이라는 조건하에) 이야기의 내용이,
③ 이야기의 주제나 내용이 이야기되고 있는 그 상황에서부터
④ 발원되어야 하며,
⑤ 이야기함이, (즉 이야기를 주고받는) 이야기 과정에서
⑥ (이야기되고 있는 상황에 대하여) 이야기되고 있는
⑦ 그 주제를 드러나게 하여 접근 가능하게 해야 한다.

개인적 의견으로 정리하여 비유적으로 말하면 다음과 비슷할 수 있다.

어떤 주제(진정한 말, 따라서 진리라고 믿을 수 있는)에 대해 말할 때, 그 말속에 주제를 드러나게 하여 마침내 그 주제가 그 말의 이해를 가져올 수 있는 것이 '아포판시스'인 것이다.

4) 로고스의 속성[26)]

하이데거는 아리스토텔레스를 따라 로고스를 '델룬' 또는 '아포판시스'로써 설명한다. '델룬'은 '명백하게 드러내 줌'이라는 말이다. '아포판시스'는 말해지고 있는 것을 '그것 자체로부터 보게 한다'는 뜻으로 해석된다.

이를테면 '로고스'는 말(발화된 언어)이다. 말은 그것이 말해질 때, 듣는 이에게 대상을 '발성된 말 그 자체를 통해' 보게 한다. 이를테면 "숲 속에 한 마리 호랑이가 달린다"는 말은 듣는 사람(청자聽者)에게 '숲 속을 달리는 한 마리의 호랑이'를 보게 해 준다. 말은 말로 표현되어 그 대상에게로 눈길을 돌리게 하고, 그 분위기를 환기시켜, 재현시키기도 하고, 동시에 생각하게도 만든다.

하지만 말을 통해 말한 사실을 바로 보게 할 수는 없다. 즉 '보임'은 말 자체일 뿐이다. 따라서 말은 단지 말의 대상 자체를 나타나게 해 주는 정도일 뿐이다. 진리로서의 로고스는 '말의 대상 자체를 나타내며(제시提示), (여기까지는 숲을 달리는 호랑이를 떠올리는 것으로 충분하지만) 그 말의 대상(숲 속을 달리는 호랑

26) 아포파이네스타이(apophainesthai, 희랍어 ἀποφαίνεσθαι), 즉 그것을 그 자체에서부터(ἀπο~) 보이도록 해줌(~φαίνεσθαι).

이라는 사실)을 발화된 말 자체로부터 보게 해 준다. 즉 숲 속을 달리는 호랑이라는 사실 외에 그 이면의 상황까지도 그 말을 통해 보게 해 주어야 로고스일 수 있다. 로고스가 아닌 일반적인 발화는 단지 청자聽者는 그 말함에 반응하여 말의 대상을 그 '말해진 바'에 따라 볼 뿐이다.

6. 현존재(Dasein)의 근본 구성 틀, 세계-내-존재(In-der-Welt-sein)

하이데거에 따르면 '내-존재'에 대한 설명은 이러하다.

방 안에 '책상'이 있다. 그것은 집 안에 '책상'이 있다고 표현할 수 있고 동시에 동네 안에 '책상', 그리고 우주 안에 '책상'으로 표현될 수 있다. 우리는 '안에'라는 단어를 이렇게 파악한다. 특정 공간 내부에 자리를 잡고 있는 존재자(=책상)가 그 공간 안에서 그 존재자의 자리와 관련지어 나타내는 존재관계이다. 이러한 존재자들은 세계 '내부에서' 발견되는 사물들로서 모두 똑같이 단지 눈앞에 있음이라는 존재 양식을 가지고 있다.[27)]

이것을 하이데거는 '범주적(Kategorien)'이라고 불렀는데 부연한다면, '현존재'적이지 않은 존재론적 성격들이라고 분류하였다. '현존재(Dasein)'란 하이데거가 인간의 존재 방식을 일컫는 단어다. 이를테면 '나는 누구이며 어디에서 와서 어디로 가고 있는가?'라는 의심을 가지는 유일한 존재자인 인간이 '현존재'인 것이다.

27) 『Sein und Zeit』, M. Heidegger, 이기상 역, 까치, 1998. 81쪽.

현존재를 좀 더 분명하게 말하기 위해 하이데거는 'In-der-Welt-sein(세계-내-존재)'이라는 표현을 사용하여 설명한다. '내-존재(안에 있음)'는 단지 눈앞에 있음이라는 존재 양식과는 다르게 '현존재'의 존재구성들(요소)의 하나이며, 실존범주의 하나이다. 현존재의 존재 방식은 하나의 육체적 물건, 즉 인간 신체가 눈앞에 있는 존재자 '안에' 있음을 말하는 것은 아니다. 안에 있음은 눈앞에 있는 것들의 공간적인 '서로 안에 있음'을 뜻하지 않고, 더구나 '안(in - 여기서는 독일어 in)'도 근원적으로 어떤 종류의 공간적인 연관을 의미하지 않는다.

독일어 'in'은 '거주하다, 체류하다'를 의미하는 'innan-'에서 유래한다. 그 어근에서 'an'은 '나는 습관이 되었다', 혹은 '~와 친숙하다', '나는 어떤 것을 보호한다'를 의미한다. 동시에 '나는 거주한다'와 '나는 사랑한다'는 의미까지 있기 때문에 '나는 돌봐준다'라는 의미까지도 가지고 있다. 이러한 의미로 유추해 볼 때, '안에' 있다는 것은 특정 공간에 귀속되어(관계 지어) 있는 그 존재자들이 아니라 그것 자체인 '존재자'라고 특정 지을 수 있다.

'bin(나는 있다=영어 am)'이라는 표현은 'bei(=곁에)'와 결부되어 있다. 'ich bin(나는 있다=영어 I am)'은 다시금 '나는 거주한다', '나는 ~에 머문다', '이러저러한 친숙한 것으로서의 세계에 머문다'를 말한다. 'ich bin'의 부정사不定詞형이 'Sein(존재)'이다. 다시 말해 실존범주로서 이해된 'Sein'은 '~에 거주하다', '~과 친숙하다'를 뜻한다. 따라서 '안에 있음'은 '세계-내-존재'라는 본질적인 구성 틀을 가지고 있는 '현존재'의 존재에 대한 형식적 실존론적 표현이다.

정리하자면 공간 안에서 각 존재자들과 관계로 그 존재를 나타내는 존재관계인 존재자들과는 달리 본질적이고 독자적으로 (즉 존재관계로 파악되는 것이 아니라 존재 그 자체로써) '현존재'의 존재에 대한 형식적 실존론적 표현이 바로 '세계-내-존재'라는 것이다.[28)]

28) 『Sein und Zeit』, M. Heidegger, 이기상 역, 까치, 1998, 82~86쪽.

7. 철학의 난제, 혹은 영원한 주제 '세계성'

우리에게 '세계'는 무엇이며 어떻게 묘사되었는가?

내 주위를 둘러싸고 있는 완벽한 실체인 '세계'에 대해 인류는 역사가 시작되면서부터 규명하고자 했으나 현재의 상황으로 본다면 거의 실패했거나 혹은 아직도 여전히 규명 중에 있다. 이런 사정으로 유추해 보면 고대의 사람들(특히 철학자)에게 밝혀내야 할 가장 절실한 주제가 아마도 '신', '세계', 그리고 바로 '인간'이었을 것이다.

고대 중국에서는 '신'과 '세계'의 문제를 '天(천=하늘)'으로 파악하려 했다. 여기서 '천'은 '신'이자 동시에 '세계'였다. 그리고 그들이 '천'에서 이끌어낸 개념이 바로 '도道'였을 것인데, 중국과 동양의 학자들은 '천'과 '도'를 '인간'에게 적용하여 '인간'의 삶을 규명하고자 하였다. 그리고 그러한 시도로부터 (귀납적으로) 다시 '세계'를 이해하려 노력하였으며 그 작업 역시 현재도 유효하다.

고대 서양의 철학자들 역시 동양 천天의 다른 이름인 '자연'에 대한 탐구로 시작되었는데(용어는 다르지만 비슷한 경로로 보인다.) 그것은 곧 그들의 '세계'였다. 자연의 상황을 면밀하게 살펴본 뒤 그들은 자연을 'Logos(λόγος)'라고 불렀다. 'Logos'의 어원적 의미는 '연설', '진술', '담론'으로부터 '계산', '설명' 그리고 최종적으로 '이성', '판단', '이해'로까지 확산된다. 그리고 플라톤주의자들에 의해 'Logos'는 매우 형이상학적 의미로 변화하여 '진리' 혹은 '도'의 의미까지 확장되어 이어지는 기독교 세계로 전해졌다.

서양의 자연 철학자들은 여기에 머물지 않고 세계를 'Physis(피시스)'와 'Nomos(노모스)'로 분리하여 생각하였는데 (역시 플라톤주의자들에 의해 이원론의 세계로 정형화된다.) '피시스'는 자연의 법칙을, '노모스'는 인간이 만든 규칙을 의미한다. 따라서 '피시스'가 '세계성'에 대한 표현의 하나로 자리 잡았다.

하이데거는 이렇게 발전해 온 세계성에 대하여『존재와 시간』제1편 현존재에 대한 예비적 기초분석, 제3장 '세계'의 '세계성(Die Weltlichkeit der Welt)', 14절 '세계' 일반의 '세계성'이라는 이념(§ 14. Die Idee der Weltlichkeit der Welt überhaupt)에서 다음과 같은 견해를 피력한다.

하이데거는 먼저 '세계성'도 일종의 존재론적 개념이라고 먼저 전제한다. 동시에 '세계-내-존재' 안에 있는 하나의 구조를 의미하기도 한다고 말한다. 하지만 우리는 '세계-내-존재'를

'현존재(Dasein)'가 실존할 수 있는 원칙으로 알고 있기 때문에 그렇게 생각한다면 '세계성' 또한 그 자체로 실존의 범주 속에 있을 것이다.

우리가 존재론적으로 '세계'에 대해서 자문한다고 해서 우리는 결코 '현존재'를 분석하려는 주제를 벗어나는 것은 아니다. 왜냐하면 '세계'는 존재론적으로 '현존재'에 대한 규정이 아니라 오히려 '현존재'로 파악된 하나의 성격이다. 그렇다고 '세계'라는 현상의 연구가 세계 내부적인 존재자와 그것의 존재를 파악해야 한다는 것을 완전히 배제하는 것도 역시 아니다. (이를테면 '세계'는 다양한 내부 존재자들의 연결이므로 그 존재자들의 영향이 '세계'에 미치는 한 그 존재자들 또한 '세계'의 중요한 연구 대상이 된다는 이야기다.) 그 이유는 여전히 '세계'에 대한 현상학적인 묘사가 분명하게 나타나는 것이 아니기 때문에 '세계'의 존재론적 해명을 위해 '세계'에 대한 충분한 의미 규정이 반드시 필요하다.

그러면 이 '세계'라는 말의 의미는 무엇인가? 하이데거는 '세계'라는 단어를 네 가지로 분류하여 이해하려고 한다.[29]

29) 앞의 책, 96쪽.

(a) '세계'는 존재적 개념으로 사용되며, 이 경우 '세계' 내부에, 즉 우리의 눈앞에 존재할 수 있는 존재자의 총체를 의미한다.

(b) '세계'는 존재론적인 용어로써 기능하며 (a)에서 언급된 존재자(우리의 눈앞에 존재할 수 있는 존재자들의 총체)의 존재를 의미한다. '세계'는 각기 나름의 존재자의 다양성을 포괄하는 영역의 명칭이 될 수 있다. 예컨대 '세계'를 수학자의 '세계'라고 한다면 이때 '세계'는 수학으로 가능한 모든 대상들과 그 영역을 의미한다.

(c) '세계'는 또 존재적인 의미에서 이해될 수 있는데, 이제는 '현존재'가 본질적으로 그것이 아닌, 즉 '세계' 내에서 만날 수 있는 그리고 알고 있는 그런 단순 존재자가 아니라, 오히려 현실적인 '현존재'가 '현존재'로서 '그 안에서(세계)' '살고 있는' 그곳으로 이해될 수 있다. '세계'는 여기서 존재론 이전의 실존적 의미를 가지고 있다. 여기에는 다시금 여러 상이한 가능성들이 성립할 수 있다. '세계'는 누구에게나 인식 가능한 '우리-세계' 또는 자신의 '고유한' 가장 가까운(심지어 혈연을 통한 가정을 포함하여) 모든 '주위의 세계'를 의미하기도 한다.

(d) '세계'는 마지막으로 '세계성'이라는 존재론적-실존론적 개념을 지칭한다. '세계성' 자체는 특수한 '세계들'마다 각각의

구조로 변모될 수 있지만, '세계' 자체에 있는 '세계성'의 선험적 토대는 언제나 포함되어 있다.

존재와 시간에는 철학적 용어의 새로운 개념들이 홍수를 이룬다. 하이데거는 기존의 언어를 이용하여 자신의 철학을 정립할 수 없다고 판단하여 당시 철학용어에는 쓰이지 않았던 일상에서 쓰던 새로운 말들을 대거 철학에 편입시킴으로써 후대에 공부하는 초심자들을 엄청난 혼란으로 몰아넣었다.

8. 기타 개념들

'존재'는 '존재하는', '존재하는 것'과 같이 나타나는데, 이것은 '있는', '있는 것'과 같은 의미로 사용된다. '존재'는 '존재함', '있음'이 실사화化된 경우이다. 그래서 오래전에는 '존재'라는 개념 대신에 '유有'라는 개념이 철학용어로 사용되기도 했지만 이제는 '존재'가 되었다.

존재하지 않는 '무無'도 표현되는 순간 이미 '존재하지 않는 것'이 아니라 어떤 의미에서는 '존재하는 것'으로 우리에게 경험되고 있다고 할 수 있다.

'존재'는 '있음'의 의미 외에도 '이다'의 의미를 가지고 있다. 이와 같이 '존재'는 '있음'과 '~임' 두 가지를 다 포함하고 있는 가장 포괄적인 개념이다. 따라서 우리의 모든 언어사용, 심지어 학문적인 논의와 주제탐구 등에서도 이 두 가지의 의미의 '존재' 개념을 넘어설 수 없다.

개념을 유와 종으로 구분한 아리스토텔레스(개념=유개념+종차)의 논리는 이제 파기하여야 한다. '존재'는 이러한 모든 형태의 보편성을 넘어서 있다. 아리스토텔레스는 '존재'가 함축하고 있는 초월적 '보편'의 단일성을 단지 유개념이 가지는 다양성과 구별 지어 생각했을 뿐이다.

1) 물음이 가지는 세 가지의 형식적 구조[30)]

♣ '물음에서 물어지고 있는 것'

♣ 직접적인 물음의 대상 – '물음이 걸려있는 것' 이를테면 찾고 있는 그것을 알기 위해서 무엇인가에 물음을 던져야 한다.

♣ 물음에는 물음에서 본래 의도되고 있는 것, 물음이 꾀하고 있는 것.

사물들이나 사건들이 시공간 안에 놓여 있거나 그 안에서 일어나고 있는 것을 '사실(Tatsache)'이라고 할 때, 인간 현존재의 세계 안에 있음이라는 '사실'을 그것과 구별하여 '현사실(Faktum=증명된 사실)'이라고 부른다.

2) 현존재

하이데거는 현존재를 이렇게 정의하고 있다.

30) 앞의 책, 80쪽.

현존재는 "스스로 있으면서 이 있음 자체를 가장 큰 문제로 삼고 있는 존재자(das Seiende, dem in seinem Sein um dieses selbst geht)"[31]이다.

현존재에게 가장 큰 문제는 이 세상에 살고 있는 자기 자신의 존재이다. 따라서 현존재는 묻는 존재자이면서 동시에 물음의 대상이 되는 존재자이다. 물론 이때의 물음 또한 현존재에 대한 스스로의 물음이다. "현존재의 존재는 그때마다 나의 존재이다."[32] 즉 그런 현존재에게 존재란 매 순간마다 그 자신의 존재이다. 이것이 현존재의 '각자성(Jemeinigkeit)'이다. 현존재의 존재가 나의 존재인 만큼 각자성은 당연한 이야기다. 따라서 하이데거의 '존재론'은 지금까지의 존재론과는 달리 자기 자신의 존재를 스스로 성찰하고 분석하는 존재론이다.

지금(하이데거 이전)까지의 (보편 지향적 철학이) 존재론에서 현존재의 '개별화의 문제'는 풀기 어려운 문제였다. 그러나 처음부터 '각자성'에서 출발하는 하이데거의 철학에서는 개별성의 문제는 처음부터 제기되지 않는다. 즉 하이데거의 존재론은 모든 현존재가 각각 자기의 존재를 문제 삼는 존재론이기 때문이다. 하지만 각자성에 매몰되면서 그 반대편에 위치하는 '보편

31) SZ 11판, unveraenderte Auflage(unchanged edition), 1967. 41쪽(이하 SZ 11판, 1967. 로 표기).

32) SZ 11판, 1967. 42쪽.

성'의 문제는 당연히 발생한다(각자성을 중요시하기 때문에 당연하다.). 따라서 하이데거는 보편성을 확립하기 위해서는 별도의 방향 전환이 필요했다(가능적 존재로서의 현존재를 입증하는 방식으로).

우리가 마주하는 무생물, 우리 주변의 생물(가축, 야생동물) 등은 객관적이고 실재적 존재자이다. 동시에 현실적 존재자이다. 하지만 그들에게 없는 것을 인간은 가지고 있는데 그것이 바로 '가능성(Möglichkeit)'[33]이다. 즉 인간은 앞을 향해 사는(미래를 예측하면서) 유일한 가능적 존재이므로 언제나 현실성보다 가능성을 우위에 둔다. 이를테면 현존재인 인간은 가능적 존재자이다.

가능적 존재자의 특징은 선택에 있다. 이를테면 본래적 존재로 사는가 비본래적 존재로 사는가 하는 삶의 양식을 스스로 선택한다. 자기 존재를 본래적으로 선택하는가 비본래적으로 선택하는가 하는 것은 가능적 존재자인 현존재 각자가 결정할 문제라는 것이다.

본래적 삶이란 일상성 속의 세속에 사는 자신의 모습을 버리

33) 앞의 책, 43쪽.

고 매우 독자적으로 자신을 회복하여 자기를 가능적으로 '기투企投(Entwurf)'[34]하는 자각적 삶의 양식을 가리킨다. 다시 말해서 본래적 삶이란 스스로의 삶을 결정하고 그 결정에 따라 선택할 때만 성취되는 존재양식이다.

그러면 비본래적 삶이란 무엇인가? 처음엔, 그리고 '대부분은 그렇듯이(zunächst und zumeist)'[35]의 평균적 일상성 속에서 세계 내부적 존재자에 골몰하여 분주하게 사는 나머지, 자신의 존재와 가능성을 잃어가는 삶의 방식을 가리킨다.

'일상성(Alltäglichkeit)'은 모든 사람이 각자 그렇게 살아가는 구체적이고 현실적인 삶의 모습이다. 그 순간마다 사람들은 세상이 자신을 어떻게 보는가에 맞춰 스스로를 해석하고 그 해석된 여러 개의 자신들 속에서 적합한 자신을 선택한다. 따라서 비본래적 삶이라고 해서 삶의 가치를 폄하할 수 없다. 따라서 하이데거는 현존재의 분석을 '처음엔, 그리고 대부분은 그렇듯이'라는 지극히 평균적인 일상성에서부터 시작하는 것이다.

34) Entwurf의 본래 뜻은 윤곽, 기획, 계획, 설계(도), 구상, 초안의 의미를 가지고 있다. 하이데거도 비슷한 의미로 사용한다. 다만 '던짐(던져짐의 반대의미로)'이라는 의미를 부가시켰을 뿐이다.

35) 앞의 책, 16쪽.

3) 현존재의 근본 틀

(1) 내-존재内存在(In-Sein)

내-존재는 범주적 해석과 실존론적 해석이 가능하다. 내-존재의 범주적 해석이란 공간 속에 위치하는 존재에 대한 해석, 이를테면 방 '안'의 탁자, 우주 '안'의 지구 등과 같은 것이다. 내-존재의 실존론적 해석은 현존재가 살고 있는 양식이다.[36] 우리가 고민하는 부분이기도 하다.

In-Sein(내-존재)에서 'In'은 innan에서 유래하며, 의미는 '거주한다(habitare)', '체재한다(wohnen)'라는 의미를 가진다. 'an'의 의미는 '나는 익숙하다(ich bin gewohnt=I am used to)', '친숙하다(vertraut mit=familiar with)', '돌보다(ich pflege etwas=I care for something)'의 의미이다.[37] 이 의미들을 합쳐 보면 내-존재는 나에게 익숙한(친숙한) 존재가 내 안에 거주한다는 의미로서 이러한 존재자를 나 자신인 존재자, 즉 '현존재'라고 부른다. 즉 내-존재(In-Sein)는 현존재의 실존범주적 표현이다.

36)『존재와 시간 강의』, 소광희 지음, 문예출판사, 2003. 56쪽.
37) SZ 11판, 1967. 54쪽.

(2) **현존재와 세계와의 관계**

현존재가 세계를 인식한다고 했을 때 '세계'란 무엇인가?

♣ 눈 앞에 존재하는 존재자의 총체

♣ 눈 앞에 존재하는 존재자의 총체로서의 존재

♣ 현사실적인[38] 현존재가 현존재로 살고 있는 '그 안'에서 '살고 있는' 그곳

♣ 세계성이라는 존재론적이며 실존론적인 개념

이 세계를 현존재가 인식하고 있는, 이른바 세계인식은, 현존재의 마음과 세계를 범주적 관계로 이해한다는 것이다. 하이데거는 이 상황을 이렇게 표현한다. '곁에 단지 머물러 있기만(in das Nur-noch-verweilen bei=into the only-still-stay at)'[39] 하면서 바라보는 것, 이를테면 관조觀照[40]의 태도가 되어야만 세계 속에서 만나는 존재자를 '순수한 외견(Aussehen)'[41]으로 만날 수 있다는 것이다.

현존재가 세계를 인식한다는 것은 내-존재의 한 양식이다.

38) 과거로부터 현재까지 유지되어 온 파악되는 모든 존재, 혹은 존재자.
39) 앞의 책, 61쪽.
40) 관조觀照: 고요한 마음으로 사물이나 현상을 관찰하거나 비추어 봄(표준국어대사전).
41) 같은 곳.

여기서 인식이라는 것은 현존재와 내-존재 관계를 분류하는 하나의 방법으로 파악된다. 즉 인식은 세계-내-존재에 기초를 둔 현존재의 한 상황일 뿐이며 그 상황조차도 여러 상황들 중에 하나일 뿐이다.

4) 존재자의 가용성(Zuhandenheit)과 순수존재성 (Vorhandenheit)[42)]

세계에 대한 인식을 하이데거식으로 표현하자면 현존재가 존재자에 대해 취할 수 있는 배려적 태도[43)]의 결핍이다. 배려의 핵심 태도는 단지 존재자를 둘러보는 것이다. 둘러보는 대상, 즉 배려는 '주고받음'[44)]의 상황에서 주고받는 것과 관계있는 그것이다. 그리스 사람들은 이것을 '프라그마타'(Pragmata=배려를 통한 교섭)라고 불렀지만, 그것을 구체화하지 않고 그저 어둠 속

42) Zuhandenheit=availability를 이기상은 '손 안의 것'으로 번역하고 소광희는 용재성으로 번역한다. 또 Vorhandenheit=presence를 이기상은 '그것 자체'로 번역하였는데 소광희는 전재성으로 번역하였다(『존재와 시간』, 이기상 역, 까치, 1998. 103쪽; 『존재와 시간 강의』, 소광희 지음, 문예출판사, 2003. 64쪽).

43) 배려적 태도: 일반적으로 사용되는 배려(도와주거나 보살펴 주려고 마음을 씀)의 의미가 아니라 여기서 배려(Besorgen)는 획득, 수용, 파악의 의미가 혼재되어 있다. 따라서 배려적 태도라 함은 현존재가 존재자를 Zuhandenheit(손 안의 것, 즉 가용적 존재)와 교섭하는 상황 전체를 가리킨다. 소광희는 존재와 시간에 쓰인 배려의 정의를 현존재가 일상적으로 세계 내부적 존재자와 맺는 교섭(Umagang=handling)이라고 했다(『존재와 시간 강의』, 소광희 지음, 문예출판사, 2003. 64쪽).

44) 주고받음: 프락시스(Praxis), 즉 연습, 행동, 수행의 의미가 있다.

에 내버려 두었다[45]는 것이 하이데거의 입장이다. 하이데거는 배려와 만나는 존재자를 '물건(Zeug=stuff)'이라 불렀다.

우리는 배려 속에서 만나는 존재자를 물건이라고 부른다. 교섭 속에서 눈에 띄는 것은 필기도구, 재봉도구, 작업도구, 여행도구, 측량도구 등이다. 이 도구의 존재양식이 뚜렷이 밝혀져야 한다. 그것은 물건으로 하여금 물건이게 하는 것, 즉 물건의 성격을 먼저 한정하고 이것을 실마리로 하여 이루어진다.[46]

이러한 물건의 성격을 가진 존재자를 하이데거는 '가용적 존재'라 하고 그 존재양식을 '가용성(Zuhandenheit)'이라 불렀다. 그리고 물건(Zeug)의 성격이 희박하거나 현재로서는 없는 존재자, 이를테면 단순하게 인식의 대상만이 되는 존재자, 오로지 관조의 대상이 되는 존재자(즉 '가용적 존재자'와는 무관하게 존재하는)를 '순수 존재자'라 하고 그 순수 존재자의 존재 양식을 '순수존재성(Vorhandenheit)'이라고 불렀다.

이러한 구분의 핵심은 그 사물, 즉 현존재의 대상이 되는 사물을 대하는 현존재의 태도나 의지에 따른다. 단순히 범주적 또는 인식적으로 대하는 존재자는 '손수 존재자'이고 실존적으

45) SZ 11판, 1967. 68쪽.
46) 같은 곳.

로 대하는 존재자는 '가용적 존재자'이다.

쉽게 풀이하자면 '가용적 존재자'는 필요성이 있는 존재이자 필요에 의한 존재이고 '순수 존재자'는 아직 필요성을 가지지 못했거나 현재는 필요성이 없는 존재자를 말한다.

하이데거는 '가용적 존재자'로서 자연을 다음과 같이 해석한다.

"숲은 삼림이며, 산은 채석장이며, 강은 수력이고, 바람은 (항해에서) 돛을 펼쳐주는 것이다. 발견된 주위 세계와 함께 그렇게 발견된 자연을 만나게 된다. '손안의 것'으로서의 자연의 존재 양식을 무시하여, 그것 자체를 단지 그것의 온전한 '눈앞에 있음(순수 존재)'에서 발견하고 규정할 수 있다. 그러나 이러한 자연발견에는 살아 움직이는, 뜻하지 않게 우리에게 다가오는, 풍광으로써 우리를 사로잡는, 그러한 것으로서의 자연은 숨겨진 채로 남게 된다. 식물학자의 식물은 단지 밭 주변에 핀 꽃이 아니며, 지리학적으로 검정된 강의 발원지는 근본적 의미에서의 샘은 아니다."[47]

47) SZ 11판, 1967, 70쪽.

결국 '가용적 존재'란 우리의 태도(배려적 교섭) 속에서 만나는 존재자들이다. 윗 글에서 그 예시로 사용된 숲(순수 존재)-삼림(가용적 존재), 산(순수 존재)-채석장(가용적 존재), 바람(순수 존재)-돛을 펼치는 바람(가용적 존재)의 관계로 해석될 수 있다.

5) 지시와 기호(Verweisung und Zeichen)

하이데거가 말하는 '지시(Verweisung)'는 영어로 번역하면 '추천'이나 '참조(Referral)'에 가깝다. '지시'는 목적 없는 모든 대상을 가리켜 보이는 것이라면 '참조'는 반드시 비교 대상이 존재하는 '지시'다. 즉 '무엇에 비하여~', 아니면 '무엇과는 달리~'라는 전제가 존재한다면 지시보다는 참조에 가까운 것이라고 볼 수 있다.

실존범주에서 관찰해 보면 모든 존재자의 바탕은 '가용성(Zuhandenheit)'이 있다. 예를 들어 어떤 가용적 도구의 '가용성'은 전체 도구와의 비교, 연관 속에서 '참조(Verweisung)'되어 우리에게 설득되는 것이다. 그러면 그러한 비교와 연관(즉 참조, 대부분의 책에서 '지시'라고 번역된)의 근거는 무엇인가? 그 근거는 각각의 가용적 존재가 가지는 '기호(Zeichen=sign)'에 있다.

이미 알고 있는 것처럼 기호의 근본 기능은 '표시(Ausdruck=

Expression)'다.[48] 기호가 가지는 표시의 기능을 설명하는 데 가장 적합한 것이 교통 신호등이다. 빨간 표시는 멈춤이다. 파란 표시는 진행이다. 차량과 사람 모두에게 공통적으로 인식되는 표시다. 이 표시의 유용성은 말하지 않아도 우리는 잘 알고 있다. 바로 생명을 보호하는 것이다. 빨간 신호등은 금지의 표시인데 나아가지 말아야 하는 것을 표시하고, 파란 신호등은 진행해도 된다는 표시이다. '진행'과 '금지'는 본질적으로 현존재의 세계-내-존재의 유지와 제한에 속한다.[49](즉 '진행'과 '금지'는 생명과 연관되면서 상호 비교된다.)

세계-내-존재의 실존론적 해석은 현존재가 살고 있는 양식이라고 앞서 이야기한 바 있다. 이것에 따라 '기호'와 '참조(지시)'의 상호관계를 생각해 보자. '기호'를 참조한다는 것, 즉 그 '기호'의 '참조(지시)'를 따른다는 것은 각 기호에 나타난 '참조(지시)'를 따라감으로써 현존재의 주변 세계(현존재의 실존범주)가 열리는 것이다. 그렇다고 모든 '기호'가 실존범주 내의 '가용성(Zuhandenheit)'을 가지는 것은 아니다. '기호'는 단지 방향성으로서 하나의 도구처럼 그 도구 전체를 현존재의 시야에 밝힘으로써 가용적 존재의 세계-내 존재의 타당성을 현존재에게

48) 앞의 책, 77쪽.

49) 세계-내-존재의 실존론적 해석이 현존재가 살고 있는 양식이라고 규정했을 때 '진행'과 '금지'는 바로 현존재가 유지하는 삶의 방식이라는 이야기다.

알리는 것이다.

이를테면 기호가 참조되는(지시하는) 것은 현존재가 실존범주의 존재를 구체화시키는 것에 도움을 주어 그 구체적 존재를 만나게 하는 가장 적합한 도구인 것이다. 하이데거는 이것을 다음과 같이 말한다. "기호가 근본적으로 언제나 표시하는 것은 현존재인 자신이 살고 있는 '그곳(worin=그 안에서)'이며 그곳에서 자신이 무엇을 할 수 있는지(Bewandtnis='사정'이나 '상황')를 찾을 수 있게 해 준다."[50)]

6) 세계와 세계성

세계는 모든 가용적 존재자가 그 속에서 이미(선행적으로) 밝혀져[51)] 있는 거기이다. 즉 가용성을 가진 존재자가 가용적으로 되는 그곳이다. 세계를 바탕으로 하여 우리는 가용적 존재자를 만나게 되고 그것과 교섭할 수 있게 된다. 이것을 하이데거는 'freigeben(영 release=풀어주다, 방출하다, 펼치다.)'[52)]으로 표현하

50) 앞의 책, 80쪽.

51) 선행적으로 밝혀져 있다는 의미는 우리의 감각이나 판단으로 파악되는 상황을 의미한다.

52) 앞의 책, 83쪽, Freigeben: '해방하다' 혹은 '열다'의 의미인데 학자들마다 해석이 조금씩 다르다. 소광희는 그의 책에서 개현開現이라고 표현하였는데 '열다'의 의미에 '나타내다'의 의미까지 더한 단어로 해석하였다. 『존재와 시간 강의』, 소광희 지음, 문예출판사, 2003. 65쪽.

였는데, 결국 우리가 이미 알고 있는 각각의 존재(사물)들이 펼쳐져 있는 공간이 곧 세계라는 의미라고 볼 수 있다.

가용적 존재들, 이를테면 '도구'들은 반드시 지시에 의해 그 가치가 부여된다. 공간 내부에서 적합한 자리, 적합한 지시로 존재하는 것이 가용적 존재인 것이다. 당연히 전체성[53]과 밀접한 관련이 있다. 이러한 성질을 '적소성適所性(Bewandtnis, 사정 정황)'이라 불렀다. 하이데거는 적소성을 이렇게 설명한다.

"적소성은 세계 내부적 존재자의 존재이며, 그 적소성을 근거로 해서 그 존재자는 존재를 확인할 당시 이미 (그 존재가) 밝혀져 있다. 세계 내부적 존재자는 존재자로서 그때마다 적소성을 가지고 있다. 존재자가 어떤 적소성을 갖는다는 것은 이 존재자의 존재의 존재론적 규정이지, 존재자에 대한 존재적 진술이 아니다.[54] 존재자가 '어디(Wobei)'에 적소성을 갖는다는 것은, 유용성의 '무엇을 위해(Wozu)', 즉 사용 가능성의 '무엇에(Wofür)'이다. 유용성의 '무엇을 위해'는 다시 자신의 적소성을 가질 수 있다. 예컨대, 망치질 때문에 우리가 망치라고 부르는 가용적 존재는 망치질에서 적소성을 갖고, 망치질은 고정시키

53) 각 존재들의 상관관계와 위계 혹은 관련성을 전체적으로 파악하는 관점.
54) 존재자의 규정은 각 존재에게 지시된 가용성이며 존재자의 진술은 현존재의 개입으로 판명되는 존재의 가용성이다.

는 데서 그 적소성을 가지며, 이 고정시키는 것은 비바람을 막는 데서 새로운 적소성을 갖는다. 후자는 궁극적으로는 현존재의 안전을 위해, 즉 현존재의 존재 가능성을 위해 존재한다."[55]

마지막 부분이 중요하다. 즉 망치 → 망치질(망치의 적소성) → 고정(망치질의 적소성) → 비바람 방어(고정의 적소성)로 요약될 수 있다.

이 상황은 '무엇을 가지고'와 '무엇에 쓸 것인가'에 대한 지시가 내재되어 있다. 이를테면 적소성의 궁극 목적은 현존재를 향하고 있는데, 가용적 존재는 현존재에게 그것이 있는 그대로 또 그것이 그렇게 있는 것과 같이 있게 한다는 것이다. (앞서 이야기한 현존재의 개입으로 일어나는 존재적 진술은 아니다.)

위의 예를 그대로 적용한다면 망치는 현존재에게 망치질을 지시하고 있고 망치질은 고정을 지시하며 고정은 방어를 지시하는 것이 바로 적소성이라는 것이다.

세계란 현존재가 존재이해(망치의 존재이해)를 가지고 모든 가용적 존재자(망치)로 하여금 적합하게 쓰일 자리를 미리 지시

55) 앞의 책, 84쪽.

해줄 수 있는 바탕, 즉 가용적 존재자와 직접적으로 상호작용하는 시공간을 말한다.[56)]

또한 적소성은 현존재가 가용적 존재자를 만나는 기반으로서의 세계이다. 여기에 개입되는 또 하나의 개념이 '함축성' 혹은 '의미성(Bedeutsamkeit=Significance)'이다. 함축성은 현존재가 세계의 구조를 형성하는 것인데 세계 안에 이미 살고 있으면서 세계의 구조를 이해하고 있다는 의미로서 이것을 다르게 표현한 것이 '세계성'이다. 이를테면 주관적으로 적소성과 함축성은 현존재의 삶의 과정을 절차적으로 보여주는 과정이다. 객관적으로 본다면 적소성과 함축성은 세계성의 바탕이며 동시에 현존재를 포함한 존재들의 풍경일 수 있다.[57)]

56) 『존재와 시간 강의』, 소광희 지음, 문예출판사, 2003. 71~72쪽.
57) 앞의 책, 73쪽.

7) 데카르트[58] 와 하이데거의 세계성 비교

(1) **데카르트의 연장**延長[59](extentio)

데카르트의 세계 개념에 의하면 각 존재들은 '연장(extentio)'과 '사유(cogito)'를 그 속성으로 한다. 연장은 물체(res corporea)에서 우연적인 요소를 모두 제거하고 남는 마지막 성질이다.[60] 연장은 높이, 길이, 넓이로 규정된다. 이렇게 규정된 것을 '실체(Substance)'라고 한다면, 사유는 실체 없음이므로 실체는 연장과 사유의 중요한 구별 기준이 된다.

데카르트의 실체 개념은 아리스토텔레스의 존재론으로부터 비롯된 중세의 실체론이 정리된 스피노자의 실체론을 거의 그대로 수용하고 있다.

---

58) 데카르트(René Descartes, 1596년~1650년) 프랑스의 철학자, 수학자, 과학자, 근대 철학의 아버지, 해석기하학의 창시자.

59) 연장延長의 사전적 의미는 "길이나 시간, 거리 등을 본래보다 길게 늘리다."이다. 데카르트의 연장도 비슷한 의미이다. 이를테면 데카르트에 있어 연장이란 물질의 본질적 속성으로 생각했다. 따라서 데카르트는 물질의 본질은 순수하게 기하학적이라고 판단한 것이다. 극단적으로 연장은 너비(étendue)와 같은 의미로 쓰인다. Principia Philosophiae(철학의 원리), 데카르트, 샤를 아담과 폴 탄네리 공편, 소두영 옮김, 2016, 192쪽.

60) 『존재와 시간 강의』, 소광희 지음, 문예출판사, 2003, 74쪽.

스피노자[61]의『에티카』제1부 - 신에 대하여 중 실체에 대한 이야기가 이렇게 묘사되어 있다.

정의 3. 나는 실체란 자신 안에 있으며 자신에 의하여 생각되는 것이라고 이해한다.

정의 4. 나는 속성이란 지성이 실체에 관하여 그 본질을 구성하고 있다고 지각하는 것으로 이해한다.

정의 5. 나는 양태樣態를 실체의 변용으로, 또는 다른 것 안에 있으면서 다른 것에 의하여 생각되는 것으로 이해한다.

정의 6. 나는 신을 절대적으로 무한한 존재, 즉 모든 것이 각각 영원하고 무한한 본질을 표현하는 무한한 속성으로 이루어진 실체로 이해한다.[62]

여기에 나타난 실체를 요약하면 '자족성'이다. 즉 그것이 존

61) 바뤼흐 스피노자(Baruch Spinoza, 1632년~1675년)는 네덜란드 암스테르담에서 태어난 포르투갈계 유대인 혈통의 철학자이다. 스피노자의 과학적 태도와 포괄성, 철학사적 중요성은 오랫동안 제대로 인정받지 못했으나 현재는 계몽주의와 철학의 합리주의에 초석을 놓은 철학자로 인정받는다. 그의『에티카』에서 스피노자는 데카르트의 정신-육체 이원론에는 반대하였다. 헤겔은 모든 근대 철학자에 대해 "그대는 스피노자주의자거나 아예 철학자가 아니다."라고 말했다.

62)『에티카』, 스피노자, 강영계 옮김, 서광사, 2018. 48쪽.

재하기 위해 다른 어떤 것도 필요로 하지 않는다. 스피노자는 본질을 "그것이 없으면 사물이, 그리고 반대로 사물이 없으면, 그것이 있을 수도, 생각할 수도 없는 것"이라고 정의한다.

데카르트가 이해한 존재(혹은 존재자, 극단적으로 실체)는 앞서 설명한 가용적 존재자[63)]가 아니라 그리스 이래로 유지되어 왔던 '존재(ousia)',[64)] 즉 자연적 존재자이다. 데카르트는 이것을 모든 변화에도 불구하고 반드시 남아있으며 수학적 사유의 대상으로 파악했다. 이런 존재자를 파악하기에 적합한 인간의 사유는 '경험적 감각(sensatio)'을 제거한 '지성(intellectio)', 혹은 '오성(Illuminatio)'[65)]이라야 한다고 주장했다.

이 점에서 세계, 가용적 존재자, 현존재에 대한 데카르트의 이해는 그리스 이래의 전승에 구속되어 있을 뿐, 하이데거가 주장한 현존재의 근본적인 질문은 거의 제기하지 못한 채 지나치고 말았다.

63) 지시에 의해 그 가치가 부여되며 전체성과 적소성을 가진 존재.

64) 고전 그리스어 'οὐσία(우시아, ousia)'에서 유래한 어휘로, '만물을 이루는 근본적인 것'을 뜻함.

65) 오성悟性(Wisdom, Understanding, Rationalism) 분별력 혹은 이해력으로 해석되며 감성 및 이성과 구별되는 지력知力을 의미함. 칸트 철학에서는 감성의 대상에 대한 개념화 능력이다.

(2) 주변 세계의 주변성과 현존재의 공간성

『존재와 시간』 1부의 표제는 매우 길다. '현존재를 시간성으로 해석하고 시간을 존재에 대한 물음의 초월론적인 지평으로 설명함(Die Interpretation des Daseins auf die Zeitlichkeit und die Explikation der Zeit als des transzendentalen Horizontes der Frage nach dem Sein)'이다. 시간과 현존재의 관계를 규명하려 했던 하이데거에게 '공간' 역시 '시간'만큼 중요한 것으로서 반드시 규명되어야 할 개념이었다.

앞서 우리가 살펴본 가용적 존재자는 사물로서 당연히 공간 속에 있다(당연히 현존재적 세계에도 공간은 존재한다.). 여기서 공간은 '환경세계'이다. 즉 현존재인 우리에 의해 관찰되는 우리 주변의 세계를 말한다. 그 환경세계에서 만나는 가용적 존재자 대부분은 도구이다. 도구는 '적소성'[66]이 있어야 한다. 도구의 적소성이란 도구가 놓여있는 방향이 사용가능성을 향해 열려 있다는 의미이다. 이를테면 가위라면 그 가위가 무언가를 자를 수 있다는 가능성과 위치가 가위를 마주하는 현존재에게 즉시 파악될 수 있어야 한다는 것이다. 여기서 위치는 우리에게 측정될 수 있

66) 가용적 존재들, 이를테면 '도구'들은 반드시 지시에 의해 그 가치가 부여된다. 공간 내부에서 적합한 자리, 적합한 지시로 존재하는 것이 가용적 존재인 것이다. 당연히 전체성과 밀접한 관련이 있다. 이러한 성질을 적소성適所性(독 Bewandtnis, 영 Context, '사정'이나 '정황').

는 위치(즉 동, 서, 남, 북)가 아니라 본질적인 위치를 말한다.

하이데거는 이 위치에 대해 매우 정교하게 설명한다. 먼저 하이데거가 가장 중요하게 생각하는 개념은 '거리 없앰'과 '방향 잡음(ein ent-fernend-ausrichtendes)'[67]이다. 거리 없앰에서 거리는 일상적인 멀고 가까움은 아니다. 이를테면 기분이 좋고 몸이 상쾌할 때 길을 걸을 때는 그 거리가 매우 가깝게 느껴지지만, 그 반대의 경우엔 힘들고 멀게만 느껴진다. 결국 여기서의 거리는 현존재의 일상에 대한 배려[68]로부터 파악되는 것이다.

현존재는 거리 없앰이라는 방식에 있어서 본질적으로 공간적이기 때문에, 교섭은 언제나 어떤 활동 범위 안에서 그때마다 현존재에 의해 거리 없앰으로 환경세계 내에서 행해지며, 따라서 우리는 거리상으로는 우선 가장 가까운 것을 듣지도 보지도 못하고 넘기는 수가 흔히 있다. 시각과 청각은 원거리 감각이지만, 그것은 이 두 감각이 사정거리가 멀기 때문이 아니라, 현존재가 거리 없앰하는 자로서 주로 이 두 감각에 의존하고 있기 때문이다.[69]

이런 상황을 바탕으로 하여 현존재의 공간성을 추론해 볼 수

67) SZ 11판, 1967. 110쪽; 『존재와 시간』, 하이데거 지음, 이기상 옮김, 까치, 2020. 148쪽.
68) 여기서 배려는 현존재와 대상의 교섭을 말한다.
69) SZ 11판, 1967. 107쪽.

있다. (현존재의) 육신의 눈으로 파악되는 가용적 존재자(도구) 혹은 '관념적 여겨짐'(vorkommen-앞서 이야기한 거리 등)[70]은 현존재가 그 위치를 지시하는 것이 아니다. 즉 가용적 존재자(도구) 혹은 관념적 여겨짐은 본래 그 자리에 있을 뿐(자리를 차지하고)인데 현존재는 그 사실을 세계-내-존재로 파악함과 동시에 일종의 거리 없앰 속에서 머물려 한다. 하지만 그 거리 없앰은 일정한 거리 자체를 완전히 무시할 수 없다는 분명한 조건에 의해 통제되고 있다는 것이다.

하이데거는 공간 문제를 해결하기 위하여 여기서 또 하나의 개념을 도입하는데 'Gegend'[71]이다. Gegend에 대한 하이데거의 설명은 이러하다.

"(도구가 있어야 할) 자리는 그때마다 하나의 도구가 귀속하는 특정한 '저기'이고 '거기'이다. 그때그때의 도구의 귀속성은 가용적 존재자인 도구의 성격에 상응한다. 다시 말하면 가용적 존재자가 도구 전체에 적소적으로 귀속하는 것과 상응한다. 그러나 도구 전체가 자리잡을 수 있는 귀속성의 근거에는, 그 귀속성의 가능성의 조건으로서 '어디로' 놓여 있고, 이 '어디로'를

70) 앞의 책, 106쪽. ~처럼 보이는, 혹은 ~처럼 인식되는.

71) Gegend의 본래 의미는 지방, 지역이다. 하지만 하이데거가 이 용어를 통해 나타내고자 하는 의미는 주변부, 혹은(도구)의 근방 정도의 의미인데 소광희는 이 용어를 방역方域으로 번역한다.

향해서 하나의 도구 연관에 자리 전체가 지정된다. 배려적 교섭 속에서 배시적[72]으로 앞질러 주목되는 '어디로', 즉 가능한 도구적 귀속의 '어디로'를 우리는 방역方域이라 한다."[73]

아주 모호하게 표현되어 있지만 요약하면 방역이란 도구가 있는 제자리 주변부(그 도구의 영향이 미칠 수 있는 범위만큼), 그리고 그 주변부의 공간성을 의미한다.

'방향 잡음(ausrichtend)' 역시 세계-내-존재의 중요한 존재 양상이다. 방향 잡음에 대한 하이데거의 설명은 이러하다.

"매우 익숙하지만 캄캄한 어떤 방 안에 들어선다고 가정하자. 내가 없는 사이에 물건을 치워 오른쪽에 있던 것이 이제는 전부 왼쪽에 있다고 가정하자. 내가 방향을 잡으려고 하는 데에 나의 양 측면이라는 '구별에 대한 느낌'은 어떤 특정한 대상이 파악되기 전까지는 아무런 도움이 못 되는데, 이 대상에 대해서 칸트는 '그것의 위치를 내가 기억하고 있는'[74]이라고 덧붙여 말하고 있다. 이것이 의미하고 있는 것은 다음이 아니고 무엇이겠는가. 나는 필연적으로 '잘 알려진' 세계 곁에 그때마다

72) 현존재와 가용적 존재자의 상호관계. 배시라는 말은 그런 관계에 기초하여 관찰되는,

73) 앞의 책, 1967. 108쪽.

74) 『순수이성비판』, 칸트 지음, 백종현 옮김, 아카넷, 2024. 42쪽(공간, 시간의 경험적 실재성과 초월적 관념성).

이미 있음 안에서 그리고 거기에서부터 방향을 잡는다."[75]

즉 현존재는 대상(공간)과의 교섭으로 말미암아 이미 정해진 위치와 상황을 기초로 하여 새로운 교섭을 시도하고, 그것은 칸트가 말하는 경험적 직관(공간 및 시간에 대한 칸트의 견해)의 형식으로 현존재에게 수용되는 것은 방향 잡음이며, 그것은 언제나 현존재의 의도대로 열려 나타나게 되는 것이다.

8) 더불어 있음과 자기 자신으로 있음의 세계-내-존재. '사람들'[76] (Das In-der-Welt-sein als Mit-und Selbstsein. 'Das Man')

나 자신은 세계 속에서 여러 사람들과 어울려 살아가고 있다. 하이데거식으로 표현하자면 우리 모두는 세계-내-존재로서 현사실적으로 더불어 살고 있는 것이다. 문제는 여기서 내가 아닌 다른 사람은 어떤 존재자인가이다. 하이데거는 현존재의 존재 방식을 둘로 나누어 이야기한다. 즉 '더불어 있음'과 '함께 거기에 있음(Mitsein und Mitdasein)'이다. '더불어 있음'은 나의 (현존재와 같은) 구조를 가진 일반적인 존재들과의 존재양식이고, '함께 거기에 있음'은 '일상성(alltägliche)' 속에 살고 있는 세계-내-

75) 같은 곳.

76) 이기상 번역에 따름. 소광휘는 '공동 존재와 자기 존재': 〈세인〉으로 번역함.

존재인 나와 다른 ‘사람들(Das Man)’의 존재 방식이다.

여기서 ‘사람들’로 표현되는 존재들은 세계로부터 이해되는 ‘나’, 그리고 ‘타인’을 말하는데, 그 사람들의 다양한 존재양식 중 하나가 평균적인 일상의 삶 속에 있는 ‘나’와 ‘타자’의 존재형식인 것이다.

그러면 현존재는 누구인가? 당연히 ‘나’다. ‘나’는 가용적 존재자와 ‘전재자’(Vorhanden sein: 이미 불변적으로 존재해 있는 환경세계) 사이에 있으며 세계를 향해 주체로서 ‘나’로 간주되는 현존재이다. ‘나’는 비록 실체이기는 하지만 이미 ‘주어진 것’이나 자명한 것으로 받아들이는 순간 ‘나’의 세계성은 희박해지고 동시에 전재자, 혹은 일반적 존재로 전락할 수 있다. 이러한 ‘나’는 관념적, 추상적 자아일 뿐, 일상성 속에서 실존하는 ‘나’와 멀어질 수 있다.

이러한 ‘나’에 대한 설정은 후설이 말하는 ‘생각하는 자아(ego cogito)’[77]와 비슷하다. 하지만 하이데거에 의하면 세계성이 기

77) 후설에 따르면, ‘생각하는 자아’는 의식 활동의 중심이며, 모든 인식과 경험의 토대가 된다. 그는 “모든 의식은 무엇인가에 대한 의식이다(Bewusstsein ist Bewusstsein von etwas)”라는 유명한 명제를 통해, 의식이 항상 대상을 향하고 있는 ‘지향성(Intentionalität)”을 가진다고 주장했다. “데카르트적 성찰(Meditationen zur Erste Philosophie)”, 에드먼 후설, 제1부 데카르트적 성찰, 8. 선험적 주관성인 ‘나는 생각한다(ego cogito)’ 이하 참조.

초되지 않는 단순한 주관이란 존재할 수도 없고, 동시에 파악될 수도 없다고 전제한다. 좀 더 범위를 좁히면 타자 없이 완전하게 독립된 자아도 확인될 수 없다. 이를테면 '자아'가 현존재의 본질을 규정하는 것이라면 그 규정은 완전히 실존론적, 즉 실존하는 자로서 규정되어야 한다는 것이다. 다시 말하면 현존재의 존재 자체는 실존에 의해서만 확인되기 때문이다.

그러면 '타자'는 누구인가? 현존재인 '나'와 마찬가지로 가용적 존재자, 그리고 불변적으로 있어온 전재자와 관계를 맺는 또 하나의 현존재가 타자이다. 즉 그도 '나'와 같은 세계 안의 존재인 것이다.

하이데거는 타자를 '공동현존재(Mitdasein)'라고 부른다. 그리고 이렇게 정리한다.

"타자란 그들로부터 자아가 부각되는 나 이외의 나머지 전부가 아니다. 타자들은 사람들이 대체로 그들로부터 자신들을 구별하지 않고 그들 속에 섞여 있는 그런 사람들이다."[78)]

타자란 나와 함께 '공동의 세계(Mitwelt)'를 이루고 있으면서 그 속에 함께 살고 있는 공동현존재이다. 알고 있는 것처럼 현

78) SZ 11판, 1967. 120쪽.

존재가 있는 세계는 분명히 공동 세계가 틀림없다. 거기에 있는 모든 존재들은 '공동 존재(Mitsein)'로서 세계-내-존재의 구성요소들이다. 공동현존재는 이와 같은 환경 세계 속에서 현존재와 만나는 유일한 존재양식이기도 하다. 여기서 유일하다는 것은 타자들은 당연히 가용적 존재자(도구)가 아니며(비록 인식의 대상이기는 하지만) 불변하는 전재자도 아니며 동시에 그것에 기초한 주관도 아니다.

현존재는 세계성에 따라(개입되어) 가용적 존재자와 전재자와 관계를 형성하고 그 관계에 따라 주고받는 세계를 바탕으로 하여 타자를 만나게 된다. 이를테면 다음과 같이 예를 들 수 있다. 우리가 마주하는 공동세계 속에서 연필은 쓰는 것을 연상하게 되고 음식은 먹는 것을 떠올리며 시계는 시간의 흐름, 즉 과거와 현재를 연상하는 것과 같다.

그러고 보니 타자의 공동 현존재는 세계 내부에서 가용적 존재자를 통해 현존재와 만날 수 있게 된다. 정확하게는 만날 수 밖에 없다. 하지만 하이데거는 타자에 대하여 존재론적 탐구는 제한한다. 그 이유는 타자를 존재론으로 해석할 경우 가용적 존재자에 대한 그리고 전재자에 대한 현존재에 의한 '감정이입(Einfürung)'[79] 등의 문제가 발생하기 때문이다.

79) 앞의 책, 124쪽.

(1) **사람들**(das man)

‘사람들’이란 우리가 일상적으로 대하는 현존재들이다. 이들은 이 사람, 혹은 저 사람도 아니며 동시에 몇몇 사람도 아니다. 그렇다고 모든 사람들의 총체도 아니다. 그들은 매우 중성적이다. 즉 현존재의 중성적 실존 방식이 곧 ‘사람들’이다. 사람들은 평균적 일상성을 영위한다. ‘그들은 모두이면서 동시에 아무도 아니다(Jedermann und Niemand)’.[80] 이를테면 우리가 잘 알고 있는 대중이다. 그 대중들 속에 당연히 ‘나’도 있다.

그러나 대중들이 완전히 타자와 일치하지 않는 부분도 있다. 예를 들어 뉴스 화면에 등장하는 많은 군중들(그 한 명 한 명의 현존재들)은 타자라는 존재양식에 완전히 스며들어 있다. 즉 현존재들 각자의 차이들이 대중이라는 존재 양식에 의해 사라져버린 것이다. 이 지점에서 대중과 타자는 미세한 차이를 가지게 된다.

결국 ‘사람들’이란 세계 속에서 존재하는 현존재들, 즉 ‘나’와 ‘타자’들이다. 사람들은 앞서 밝힌 것처럼 가용적 존재자들과 교섭을 통해 자기 존재를 이해하며 세계가 우리를 보는 것에(세계를 주체로 보고 거기 있는 사람들, 즉 ‘나’와 ‘타자’들을 관찰할 때 -

80) 앞의 책, 425쪽.

피해석성彼解釋性, Verstehen) 따라 자기를 보고 자기를 해석하며, 그런 자신을 선택하게 된다. 여기서 '일상성의 평균화'라는 개념도 성립된다.

하이데거의 '사람들'에 대한 서술은 하이데거 당시의 사회(이미 대중 사회로 변모한)에 대한 분석으로서 '사람들'의 실존론적 성격에 대해 다음과 같은 기준을 제시하였다. 즉 '자주성', '평균성', '공공성', '통합성', '존재면책'[81], '영합(수용)'[82]을 들었다.

(2) 안內에 – 있음存在 그 자체(Das In-Sein als solches)[83]

하이데거는 현존재의 존재 틀인 '세계-내(안에)-존재(있음)(In-der-Welt-sein)'를 세 가지로 나누어 분석한다. 그 처음이 세계-내-존재를 '세계'라는 틀 속에서 분석하였고, 두 번째는 '세계-내-존재'의 속성인 세계 안에 사는 일상적 현존재가 누구인가를 분석했다. 앞의 두 부분은 전술한 바와 같다. 세 번째 단계인 '내-존재(안에-있음)' 자체를 분석하는 일이다. 여기서 안內이란 '세계 안'이라는 의미이고, 있음은 그 세계 속에서 살고 있음을 의미한다. 하이데거에 의하면 '내-존재'를 단적으로

81) 존재를 잃거나 외면하는 상태.
82) 누구의 뜻을 받아들이다.
83) 소광희는 내-존재 자체라고 번역.

표현하면 현존재가 '세계에 몰입해서 살고 있음'[84]이다.

'안에-있음'을 이해한다는 것은 현-존재의 '개시성開示性(Erschlossenheit)'[85]을 고민해 보는 것이다. 여기서 현-존재(Da-sein)의 '현(Da)'은 '근본적인 열림(diese wesenhafte Erschlossenheit)'[86]을 말한다. 우리가 앞서 파악한 것처럼 자기의 존재에 대한 관심을 가지는 유일한 존재인 현존재는 자신의 현(Da-나타냄, 열어서 밝힘)으로 세상에 존재하고 있는 것이다. 즉 현존재는 선험적으로 자신의 존재에 대한 이해를 가지고 있고 그로부터 열어 밝히는데 그것이 바로 현존재의 개시성이다.

하이데거는 현존재의 개시성을 두 가지로 분류하여 설명한다. 하나는 세계 속에 존재하고 있음을 의미하는 '공간 개시성'이고 다른 하나는 인간에 대한 표현인 'lumen natural(자연의 빛)'[87]으로서의 개시성이다. 자연의 빛이라 함은 인간이 본래부터 가지고 있는 세계를 향해 열려 있는 밝음이라는 의미이다.

84) SZ 11판, 1967. 130쪽.

85) '개시성'이란 세계를 향하여 열어 밝힌다는 의미이다.

86) 같은 곳. 처음부터 세계를 향해 열려져 있는 상황, 즉 우리의 일상 속에서 언제 파악될 수 있는 상태 또는 상황.

87) 앞의 책, 133쪽.

하이데거는 개시성에 대하여 다음과 같이 설명한다.

"세계-내-존재에 의해 구성되고 있는 존재자는 그 자체가 그 때마다 각기 자신의 '거기에' 존재한다. 친숙한 낱말의 뜻에 따를 것 같으면 '거기에'는 '여기'와 '저기'를 의미한다. '나 여기에'의 '여기에'는 언제나 손안에 있는 '저기에'에 대해서 거리 없앰이며, '방향 잡음'이며, 배려하며 존재한다는 의미에서 어떤 그러한 손안에 있는 '저기에'에서부터 이해되고 있다. 이렇게 현존재 〈거기에 있음〉에게 그러한 식으로 그의 '자리'를 규정해 주는 현존재의 실존론적 공간성은 그 자체 세계-내-존재에 근거하고 있는 것이다."[88]

윗 글을 조금 풀이해서 설명하자면 다음과 같다. 먼저 '거기'라는 말은 광범위하여 '여기'와 '저기'로 분류하고 '여기'와 '저기'의 차이를 설명함에 있어 '여기'는 '저기'보다 가깝고 상대적으로 '저기'는 '여기'보다는 멀다는 것을 하이데거는 '거리 없앰'이라고 표현한다. 그런데 그 거리의 멀고 짧음에도 방향이 존재하게 되는데(왜냐하면 가용적 존재 혹은 전재자, 그리고 현존재의 위치를 특정하는 것이므로) 그것을 '방향 잡음(거리 없앰의 존재로부터 향하는 일정한 방향)'이라 했고 배려한다는 것은 앞서 설명

88) 『Sein und Zeit』, M. Heidegger, 이기상 역, 까치, 1998. 184쪽.

한 것처럼 일정한 관계를 유지하여 존재한다는 의미이다. 이러한 상황을 종합해 볼 때 현존재의 실존론적 공간이 바로 세계-내-존재의 범위 안에 있게 된다는 의미이다.

두 번째인 자연의 빛에 대한 하이데거의 설명이다.

"인간 안의 '자연의 빛'이라는 비유적 표현은 이 존재자가 그의 '거기에' 존재하는 방식으로 존재하고 있다는 실존론적 또는 존재론적 구조 외에 다른 어떤 것을 의미하는 것이 아니다. 이 존재자가 '밝게 빛나고 있다'는 것은 그 자체에서 세계-내-존재로서 '밝혀져 있음'을 말한다. 즉 어떤 다른 존재자에 의해서가 아니라 그 자체가 곧 '밝힘'으로 존재하기 때문이다. 오직 실존론적으로 그렇게 밝혀진 존재자에게만 눈앞의 것이 빛 속에서 접근 가능하거나 어둠 속에 은닉되어 있다. 현존재는 처음부터(본성상) 자신의 '거기에'를 가지고 있어서, 그것을 잃어버린다는 것이 가능하지 않을 뿐만 아니라, 만일 그렇게 된다면, 그는 이러한 본질의 존재자가 아닌 셈이 된다. 현존재는 언제나 그의 '열어 밝혀져 있음(개시성)'으로 존재한다."[89]

자연의 빛이라고 비유되는 현존재에 대한 하이데거의 입장

89) 앞의 책, 185쪽.

은 매우 분명하다. 자연의 빛을 내고 있고 그 빛이 비추는 것 또한 현존재 자신이다. 현존재 자신이 세계-내-존재로서 세계 속(공간)에 존재하는 모든 존재자(가용적 존재자이든 전재자이든)에게 빛을 비춘다는 것이다. 즉 현존재는 그 자신의 존재가 빛으로서 '밝음(Lichtung)'이요, 동시에 '밝힘'인 것이다.[90]

9) 현(Da, 거기에)의 실존론적 구성

(1) 처해 있음의 유형, 두려움

거기에(Da) 있음은 곧 거기에 '처해 있음(Befindlichkeit, 정상성情狀性)'[91]이다. 달리 말하면 세계에 공간을 점유하고 있는 사람들의 정서적 상태, 즉 기분, 혹은 '분위기(Stimmung)'[92]가 바로 처해 있음이며 다른 표현으로 정상성인 것이다. 사람들은 다양한 존재자들과 교섭하며 살고 있다. 그 교섭의 속성에 대해 하이데거는 자신만의 용어와 분류로 현존재와 가용적 존재자, 그리고 존재들과 교섭 유형에 대해 설명한다.

먼저 '두려움(furcht, 공포)'이다. 하이데거는 공포를 세 가지

90) 『존재와 시간 강의』, 소광희 지음, 문예출판사, 2003, 91쪽.
91) Befindlichkeit를 이기상은 '처해 있음'으로 번역하고 소광희는 '정상성'으로 번역하였다. Befindlichkeit의 사전적 의미는 영어 'state of being', 즉 '존재 상태'를 의미한다.
92) SZ 11판, 1967, 134쪽.

관점으로 분류한다. 먼저 '공포의 대상', 그리고 '공포 그 자체', 마지막으로 '공포의 이유'다.

먼저 '공포의 대상'에 대한 하이데거의 생각을 살펴보면, 공포의 대상, 즉 '두려운 것'은 세계 내부에서 만날 수 있는 '눈 앞의 것'과 '손 안의 것' 그리고 공동 현존재의 존재 양식을 가진 모든 것들이다. 그것들의 속성은 6가지로 분류된다.

♥ 만나게 되는 그것들은 '유해함(Abträglichkeit)'의 성격을 가지고 있다.

♥ 이 유해함은 특정 부분에서 영향력을 발휘한다.

♥ 그 영향력이란 그것에 대해 이미 알고 있지만 매우 '기분 나쁜(nicht geheuer)'[93] 것이다.

♥ 그러한 기분 나쁜 상황이 아직은 멀리 있어(지금은) 통제할 수 있지만 그것이 가까워오면서 다가오는 유해함에 대한 위협을 느끼게 된다.

♥ 이러한 가까워 옴은 분명 가까이 다가왔다는 것이고 그것이 유해할 것이라고 추정 가능하다. 하지만 아직은 은폐되어 있기 때문에 그것이 현실로 일어날 것인가 혹은 일어나지 않을 것인가에 대한 추정이나 가정이 증가한다.

93) 이기상은 '섬뜩하다'로 번역한다.

♥ 가까워지는 위협이 일어날지 혹은 일어나지 않을지에 대한 가능성에 대한 생각을 하면서 오히려 일어나지 않을 수도 있다는 생각이 두려움을 증대시킬 수 있다.[94)]

두 번째 '두려움 그 자체'이다. 두려움 그 자체는 이렇게 규정할 수 있다. 두려움의 대상으로 규정된 것들(위 ♥ 표시)이 자신에게 다가오도록 내버려둘 수밖에 없는 상황[95)]이다. 이를테면 현존재들은 다가올 위협(혹은 재난)이 확인된 이후에 두려워하는 것이 아니라 이미 그러한 사태나 상황 이전에 두려움을 발견하게 된다. 그렇게 발견되는 두려움을 자신은 명백하게 규정해 놓는데 이러한 것을 가능하게 하는 것은 '둘러봄'[96)]에 있다. 이 둘러봄은 사실 두려움 속에 있다. 현존재가 처해 있는 모든 가능성으로서의 두려워함은 자신의 공간 속에 이미 두려움이 다가올 수 있다는 가능성을 열어 놓은 것인데, 이 다가올 수 있음은 세계-내-존재인 현존재의 근본적인 실존론적 공간성에 의한다면 그 어떤 제한성도 없게 된다.[97)] 이 상황이 바로 두려움 그 자체다.

쉽게 말한다면 두려움(공포)이란 실제로 그 상황이 다가와서

94) SZ 11판, 1967. 140~141쪽.
95) 제한하기 어려운, 즉 나의 의지로부터 자유로운 허용.
96) 둘러봄이란 현재 자신의 상황을 파악하고 이해하는 능력을 의미한다.
97) 앞의 책, 141쪽.

겪을 때 느끼는 것이 아니라 다가올 상황을 자유롭게 예측하는 과정에서 생겨나는 일종의 가능성인 것이다.

마지막으로 '공포의 이유'인데 앞서 설명한 바와 같이 공포의 이유는 현존재 자체에 있다. 즉 현존재 자체에서 이미 공포의 가능성을 가지고 있을 뿐만 아니라 현존재의 특성인 '자신의 존재에 대한 질문'을 하는 자로써 피할 수 없는 속성이므로 현존재만이 공포를 가지게 되는 것이다. 동시에 이것은 현존재를 그의 '거기에' 있음을 확인시켜 주는 또 하나의 증거이기도 하다.

(2) 이해로서의 현-존재

'현-존재(Das Da-sein)'라고 표현된 것과 '현존재(Dasein)'의 차이는 무엇일까? 현과 존재 사이에 하이픈(-)이 있다는 것의 의미는 무엇일까? 학자들은 우리말로 해석할 때 약간의 차이를 둔다.[98] 여기서 중요한 또 하나의 문제는 '이해(Verstehen,

98) 하이데거 『존재와 시간』에 'Das Da-sein'으로 표시되어 있는 것을 이기상은 '거기에-있음'으로 번역하고 소광희는 그대로 '현-존재'라고 번역한다. 하이데거의 본래 취지는 이 소단원에서는 Sein(존재)보다는 Da(즉 '현' 또는 '거기에')를 강조하기 위함으로 생각되는데, 그 이유는 5장(Das In-Sein als solches, 안에 있음, 그 자체)의 핵심 주제가 있음(영 Being)이며 이것은 세계공간과 현존재 사이를 규정하는 중요한 요소이기 때문에 '현', 즉 열려 있는 공간에 위치하는(거기에) 존재임을 강조하는 표현이라고 볼 수 있다.

understanding, comprehension)'이다.

'이해'는『존재와 시간』전체에 걸쳐 제시되는 매우 중요한 개념으로서 이렇게 정의될 수 있다. 즉 '처해 있음('정상성'이라고 번역하기도 함)'을 바탕으로 하여 같은 거리(멀고 가까운) 안에 위치하는 현존재가 외부를 향해 열려있음을 파악할 수 있게 하는 계기가 된다. 따라서 이해는 세계-내-존재를 근본적으로 열어 밝힐 수 있는 핵심이다.[99)]

예를 들어 '어떤 것을 이해한다(etwas verstehen)'는 표현은 '어떤 일을 주관(맡아서 처리)할 수 있다(einer Sache vorstehen können).' 또는 '누구에 못지않은 능력이 있다.' '누구와 비교해서 빠짐이 없다(ihr gewachsen sein)', '그 일을 처리할 능력이 있다.' 나아가 '어떤 것을 할 수 있다(etwas können).'의 뜻으로 사용된다.[100)]

예를 들어 우리가 '휴대폰을 이해한다'라고 하면 휴대폰을 사용하고 처리할 능력이 있다는 말과 같다. 여기서 중요한 것은 이 '이해'가 '실존범주'[101)] 내에 있다는 것이다. 하이데거가 이해

99)『존재와 시간 강의』, 소광희 지음, 문예출판사, 2003. 98쪽.

100) SZ 11판, 1967. 199쪽.

101) 실존범주(liegt existenzial): 현존재(즉 인간)가 존재하고 있는 세계. 동시에 세계-내-존재의 관계 속에서 가용적 존재들과 배려하면서 유지 존속하는 세계.

를 굳이 '실존범주' 안에 있다고 하는 것은 '이해' 자체가 현존재의 매우 중요한 존재 양식의 하나라는 말이 된다.

하이데거는 이렇게 설명한다. "실존범주로서의 '이해'는 '무엇(Was, What)'이 아니라 실존으로서의 존재 그 자체이다. '이해'에는 (실존론적으로) 존재할 수 있음이라는 현존재의 존재 양식이 놓여 있다."[102)]

종합해 본다면 이해는 실존하는 현존재의 모든 가능성이다. 즉 실존범주로서의 가능성이 바로 현존재의 실존 가능성이다. 인간은 어쨌든 이 세상에 태어났다(자신의 의지와는 전혀 무관한, 즉 피투-Geworfenheit). 그리고 이렇게 살고 있다(현사실성-Wirklichkeit). 그런 인간들의 공통된 특징은 가능성을 향한다는 것이다. 가능성이란 미래 지향성(투사-Entwurf)을 포함한다. 이러한 인간의 특징을 우리는 '기투(Entwerfen)'[103)]라고 부른다.

하이데거는 기투에 대하여 "현존재는 존재하는 한 자신을 기투했고 또 기투하면서 존재한다. 현존재는 그가 존재하는 한

102) 같은 곳.

103) 기투(Entwerfen): 독일어로 '던지다'라는 뜻의 'werfen'에서 파생된 단어로 앞으로 던진다는 의미를 가지고 있다. 여기서는 피투된 현존재가 가능성(미래지향성, 즉 투사, Entwurf)을 바탕으로 자신에 대한 계획을 세우는 것을 의미한다.

언제나 가능성에 입각하여 자신을 기투한다."[104] 여기서 현존재의 존재 성격을 완전한 '자유'로 볼 것인가에는 논쟁이 있다. 하지만 현존재의 실존가능성의 배경 중 하나가 자유라면 그 자유는 (완전하지 않고 심지어) 일정한 제한이 있을 가능성이 높다. 나아가 현존재가 비록 (자유를 기반으로 한) 기투적 가능성이 있다 하더라도 사실은 현존재는 여전히 철저하게 피투적 가능성일 뿐이다.[105]

(3) 이해와 해석

일반적으로는 해석을 통해 이해가 심화된다. 즉 해석이 선행하면 이해가 따라온다고 보는데 하이데거는 좀 더 나아가 해석이 선행했을 때 이해는 완성된다고 보았다. 즉 해석은 이해의 충분조건이 된다. 하이데거에 의하면 "이해의 기투[106]는 스스로를 형성할 수 있는 고유한 가능성을 가지고 있다. 이해의 이러한 형성을 우리는 해석이라고 이름한다."[107]라고 이야기한다. 이 말은 해석이라는 작용을 바탕으로 이해의 기투가 일어난다는 것이다.

104) 앞의 책, 201쪽.
105) 『존재와 시간 강의』, 소광희 지음, 문예출판사, 2003. 100~101쪽.
106) '이해의 기투'라 함은 이해가 이루어지려는 의지의 작용.
107) SZ 11판, 1967. 148쪽.

"해석에서 이해는 자신이 이해한 것을 이해하면서 동시에 자기 것으로 만든다. 해석에서 이해는 어떤 다른 것이 되는 것이 아니라 오히려 그것 자체가 된다. 해석은 실존론적으로 이해에 근거하고 있으며 이해가 필연적으로 해석에 의해서만 생기는 것은 아니다. 오히려 해석은 이해된 것을 알게 됨이 아니라 이해에서 기투된 가능성들을 정리 작업함이다."[108] 이를테면 해석은 이해의 완성인 셈이다.

해석이란 사전적으로 펼쳐놓은 것을 의미한다. 독일어 'Auslegung'의 본래 뜻이 '펼침'이다. 우리가 명시적으로 혹은 분명하게 이해되는 것은, 각 부분의 해체(펼침)를 통해 어떤 것을 어떤 것으로서 수용하는 조심스러운 접근을 말한다.[109]

예를 들어 설명해 보자. 내가 가용적 존재자들이 적합한 위치를 점하고 있을 때(적소성) 어떤 도구를 송곳으로 이해한다고 가정해 보자. 그 이해를 '송곳은 종이나 기타 얇은 소재의 구멍을 뚫는 데 필요한 도구로서'라고 해석한다면, 이 해석은 위에서 말한 이해의 기투[110]를 완성하게 되는 것이다. 이를테면 현존재의 의도(송곳은 뭔가를 뚫는 것)대로 이해되었다면 '송곳으

108) 같은 곳.
109) 앞의 책, 149쪽.
110) 즉 현존재의 의도대로 이해되었다는 의미.

로서'가 분명해지는 것이다. 즉 송곳에 대한 해석은 송곳을 명확하게 이해하는 데 대단히 유용하다는 것이다.

(4) 해석의 새로운 형태인 발언

앞에서 말한 것을 정리해서 말한다면 모든 해석은 이해에 근거한다. 이해는 윤곽이 드러난 것을 분류 가능하게 하고 그것을 다시 해석을 통해 분류하는 것이다. '발언' 역시 이해에 근거한다. 즉 해석의 파생형태로 이해될 수 있다.[111]

하이데거에 의하면 해석의 중요한 역할 중 하나는 '~으로서 구조'[112]를 밝히는 것이다. 발언 역시 해석처럼 단순히 언어적 차원에 그치지 않고 존재자 자체의 제시라고 규정한다. 그는 발언에는 다음 세 가지 목적이 있다고 말한다.

111) 앞의 책 153쪽.

112) '~으로서 구조(als-Struktur)'의 개념: 인간은 사물이나 세계를 어떤 것으로서(als) 이해한다. 즉 송곳을 단순히 손잡이 나무와 쇠붙이로 보는 것이 아니라, 구멍을 뚫는 도구로서 이해하는 것이다. 우리는 단순히 객관적인 정보나 사물의 물리적 속성을 인식하는 것이 아니라, 그것이 우리의 활동과 목적 속에서 어떤 역할을 하는지를 이해한다는 것이다. 예시) 책은 단순히 종이의 묶음이 아니라, 읽기 위한 도구로서 이해되고, 의자는 단순히 목재와 못의 결합이 아니라, 앉기 위한 대상으로서 이해되는 것(SZ 11판, 1967. 150~152쪽 참조).

첫째, 발언은 제시를 의미한다. 이 말은 존재자를 그것 자체에서부터 보도록 한다는 입장을 유지하게 한다. 예를 들어 '이 송곳은 매우 날카롭다'라고 발언할 때 제시되는 것은, 송곳에 나타난 표상(날카로움)이 아니라 가용적 존재로 있는 존재자, 즉 송곳 자체이다. 이것은 발언이 그 존재자(송곳)의 있는 그대로의 표상, 혹은 표상된 것을 의미하지 않고 더불어 발언하는 사람의 심리적 상태에 따른 표상도 아닌 것이다.

둘째, 발언은 주어에 대한 서술이다. 주어는 술어에 의해 규정된다. 송곳이 매우 날카롭다고 할 때 발언하려는 것은(즉 발언을 통해 서술하려는 본래 취지는) 매우 날카로운 '송곳 자체' 이다(송곳이 날카롭다고 이야기하는 것은 자칫 발언자의 주관적 판단이 개입될 가능성이 열려 있을 수 있다. – 아포판시스[113]적 상황). 이것은 주어(송곳)에 대한 서술이지만 분명한 것은 '송곳'을 이야기하기 위해 필요한 것일 뿐, 송곳 자체는 아닐 수 있다.

셋째, 발언은 함께 '나눔(전달, Mitteilung)'이다. 발언으로 제시된 것은 다른 사람들도 보게 하는 것이다. 함께 보게 함은 제시된 그것의 규정성을 다른 사람들과 나누는 것이다. 함께 나

113) 아포판시스(ἀπόφανσις)는 '판단' 또는 '진술'을 의미. 또 다른 의미로 '무언가를 드러내는 말'이라는 의미를 지니며, 이를 통해 사물이나 상황의 진리를 판단하고 표현하게 된다.

눈다는 것은 발언으로 제시된 것을 공동으로 바라본다는 것이다. 이때 전달되는 것은 표상이 아니라 존재자 자체이어야 한다.[114)]

114) 앞의 책, 155쪽.

9. 현존재의 존재로서의 염려

1) 현존재의 존재에 대한 물음[115)]

책의 중간 부분쯤에서 하이데거는 다시 현존재가 가지는 실존론적-존재론적 의미를 확인하고 현사실적[116)]으로 실존(현존재의 일상성)을 밝히려 한다.

하이데거는 현존재의 일상성에 대해 이렇게 이야기한다. "현존재의 일상성은 (세계에) 몰입하는 자기 존재에서 또 타자와의 공동존재에서 (자신의) 가장 독자적 존재 가능 자체를 문제 삼는, 퇴락하면서 동시에 개시되고 피투이면서 동시에 기투하는 세계-내-존재"[117)]라고 표현했다. 즉 현존재인 우리가 타인들과 함께 일상을 유지하면서 스스로 자신의 상황을 인식하여 현존재인 자신의 존재성을 드러내는 과정에서 스스로의 존재성을 침해하기도 한다. 이러한 과정은 던져진 존재이자 도모하는 존재의 양면성을 동시에 가진 세계 속에 유지되고 있는 현존재의

115) 하이데거는 SZ에서 'Die Frage nach der ursprueunglichen Ganzheit des Strukturganzen des Daseins', 즉 '현존재 전체 구조의 근원적인 전체성에 대한 물음'이라고 표현하고 있는데 결국 이것은 현존재의 존재성에 대한 의문과 비슷한 의미로 해석되어 '현존재의 존재'라는 말로 줄여 썼다. 소광희(『존재와 시간 강의』, 문예출판사, 2022. 124쪽)는 '현존재의 존재'라고 번역.

116) 현사실적: 실제로(faktisch) 존재하는.

117) SZ 11판, 1967. 181쪽.

모습이라는 것이다.

하이데거는 현존재가 세계를 향해 드러내는 과정에서 '마음의 상태(befindichkeit=흔히 정상성으로 번역됨)' 중 하나가 바로 공포(두려움)[118]였다. 여기에 더하여 새로운 개념을 더하는데 그것이 '불안'이다. 하이데거는 불안이란 현존재가 세계를 향해 분명하게 열어 밝혀지는 과정에서 나타나는 것이라고 보았다.

2) 불안

공포와 불안은 어떤 차이가 있을까? 앞서 두려움에 대해 밝혔던 두려움의 속성[119]을 바탕으로 두려움을 다시 세 가지로 분류한다. 즉 '두려운 것(Wovor der Furcht)', '두려워함(Fürchten)', '두려움의 이유(Worum der Furcht)'인데 각각은 다음과 같다.

(a) **두려운 것**(Wovor der Furcht)

현존재 주변에 존재하는 가용적 존재자, 전재자, 그리고 타자(공동 현존재)들과 세계 안에서 만나는 것이다. 각각의 것들은

118) 본서 8. 기타 개념들, 9) 현(Da, 거기에)의 실존론적 구성, (1) 처해 있음의 유형, 공포 참조.
119) 같은 곳.

현존재를 기준으로 어디에서나 다가오는 것으로서 위협의 속성을 가지고 있기 때문에 두려운 것이다. 하지만 이러한 상황은 현실적으로는 거의 일어나지 않을 수 있다.

(b) **두려워함**(Fürchten)

현존재가 두려운 대상을 만났을 때의 마음의 상태를 말한다. 두려운 것이란 이미 세계 안에서 현존재에게 두려운 것으로 열어 밝혀져 있어야 한다. 다시 말하면 현존재가 두려운 것으로 파악하고 있으면서 그것을 만났을 때의 마음이다.

(c) **두려움의 이유**(Worum der Furcht)

현존재 주변에 존재하는 가용적 존재자, 전재자, 그리고 타자(공동 현존재)들이 두려운 이유는 현존재 자신 때문이다. 존재하면서 스스로 존재의 이유에 대해 문제를 제기하는 현존재는 위협적인 것을 만나면 두려워할 수밖에 없다.

하지만 불안은 두려움과 달리 일정한 방향성을 가지지 않는다. 두려움처럼 대상이 존재하지 않기 때문이다. 당연히 불안의 대상은 세계 내부의 존재자일 수 없다. 따라서 불안은 무규정적이며 무의의성이다. 여기서 키르케고르의 불안[120]과 차이를 논의해 보자.

키르케고르 불안의 핵심은 '금지'에서 기인한다. 즉 키르케고르가 말하는 최초의 불안은 아담의 불안이었다. 즉 키르케고르는 대상을 가진 실증적 불안이었다. 그 대상은 다름 아닌 금지였다. 반면 하이데거의 불안은 그 대상을 불안 속으로 완전히 침몰시킨다. 즉 환경세계 속에 존재하는 모든 존재자(가용적 존재자, 전재자, 타자, 심지어 세계까지도)는 현존재에게 그 어떤 것도 제공하지 않는다. 즉 무의의성이다.

좀 더 세밀하게 분리하자면 불안은 세계 자체가 없어지는 것이 아니라 현존재에게 그 어떤 의의도 없다는 것(무의의성)이다. 바로 그것이 불안의 핵심이다. 즉 무無[121]로 귀결된다. 즉 무가 두려운 것이 바로 불안인 것이다.

그런데 이 상황, 즉 'Nichts und Nirgends(아무것도 아니고 아무 데도 없는)'가 세계의 부재를 뜻하지는 않는다. 하이데거에 의하면 세계 내부적 존재자들이 그 자체로 무의의성을 가지기

120) 본서 1절 키르케고르, 4. 키르케고르의 핵심개념, 1) 불안 참조.
121) 하이데거의 표현에 따르면 'Nichts und Nirgends(아무것도 아니고 아무 데도 없는)'. SZ 11판, 1967, 186쪽.

때문에 역으로 세계는 독자적으로 열어 밝혀질 수 있다는 것이다. 즉 여기의 무의의성은 현존재가 가지는 마음의 상태일 뿐, 세계, 그리고 세계의 실존성이나 세계의 모든 존재자들은 거기 그대로 있을 뿐인데 오직 현존재 마음의 상태에서 유추되는 상황에 대한 설명인 것이다.

여기서 하이데거는 불교와 긴밀하게 만나게 된다. 불교에서 이런 상황을 '일체유심조'一體唯心造라고 부른다. 일체유심조란 화엄경[122]의 중심 사상으로서 모든 것은 오로지 마음이 지어내는 것임을 뜻하는, 일체 제법(모든 법)은 그것을 인식하는 마음의 나타남이고, 존재의 본체는 오직 마음이 지어내는 것일 뿐이라는 뜻이다. 이를테면 '아무것도 아니고 아무 데도 없는'은 바로 현존재의 세계에 대한 마음의 상태인데 이것을 무無라고 인식하는 것은 바로 현존재 자신이다. 이로써 일체가 바로 마음으로부터 기인한다는 일체유심조와 만나게 되는 것이다.

122) 화엄경: 대승불교 최고의 경전이다. 대방광불화엄경大方廣佛華嚴經이 본래 이름이다. 화엄경은 매우 방대한 경전이며, 화엄사상華嚴思想은 매우 심오한 사상이다. 화엄경은 궁극적으로 연화장세계連華藏世界에 대한 이야기이다. 화엄경의 연화장세계는 현상계와 본체, 또는 현상과 현상이 서로 대립하는 모습을 그대로 지니면서도 서로 융합해 끝없이 전개하는 약동적인 큰 생명체라고 설명할 수 있다. 화엄사상의 철학적 구조는 법계연기法界緣起다. 우주의 모든 사물은 그 어느 하나라도 홀로 있거나 일어나는 일이 없다. 모두가 끝없는 시간과 공간 속에서 서로의 원인이 되며, 대립을 초월해 하나로 융합하고 있다는 것이 화엄에서 가르치는 무진연기無盡緣起(끝 없이 연속되는 원인과 결과)다.

대승기신론[123]에서 하나의 마음一心이 진여문과 생멸문으로 나누어지는 것으로 설명한다. 진여문眞如門은 변치 않는 '본마음'이고, 생멸문生滅門은 육근[124]이 육경[125]과 부딪칠 때 생멸하는 마음인데 이것은 번뇌 망상과 같은 마음으로 윤회의 원인이다. 따라서 윤회를 그치려면 저장되어 있는 마음의 찌꺼기들을 비워 내야 한다. 그렇게 마음이 '텅텅' 비게 됐을 때, 즉 더 이상 생멸하는 번뇌 망상이 끊어졌을 때, '본마음'에 들어선다는 것이다.

3) 현존재의 존재는 염려

불안은 세계-내-존재인 현존재와 공동 현존재들의 존재 양식 자체로부터 열어 밝혀진다. 즉 불안해한다는 것은 현존재(공동 현존재 포함)가 가지는 존재의 방식이다. 불안은 존재자가 실존하며 현실에 속해 있음을 나타내는 유력한 증거인 것이다.

중복해서 말하지만 현존재는 그의 존재에서 바로 이 존재 자체가 문제가 되는 그런 존재이다. 앞 문장의 '~문제가 되다(es

123) 인도의 마명馬鳴(아슈바고샤, Ashvaghosha, 100년~160년?)이 저술했다고 전해지는 대승불교의 근본을 밝힌 책. 대승 경전에 설해져 있는 모든 사상을 종합적으로 회통會通(연결지어 통하게 함)해 체계적인 논리를 세워 대승의 본질을 밝혀놓았다.

124) 육근: 여섯 개의 감각기관인 안眼, 이耳, 비鼻, 설舌, 신身, 의意를 말한다.

125) 육근에 의해 일어나는 감각, 즉 색色 성聲 향香 미味 촉觸 법法을 말한다. 이로부터 6식이 나타난다.

geht um~)'[126]라는 말은, 가장 고유한 존재 가능성으로서의 자신을 기투하면서 존재한다는 것인데, 이것은 우리가 살고 있는 세계 이해의 큰 틀 안에서만 분명하게 나타난다. 즉 이 말은 현존재가 자유로운 존재이면서 동시에 자신의 존재를 문제 삼고 있다는 것인데 하이데거는 그 문제 삼음의 본질을 '염려'로 파악하고 그 염려는 반드시 현존재인 자기 자신을 '앞질러 있다(sich-vorweg-sein)'[127]라고 말한다.

여기서 '앞질러 있음'이란 애매하지만 이렇게 풀이할 수 있다. 즉 이미 어떤 세계 내에 존재하는 피투적 존재인 현존재가 스스로 기투(자신의 상황을 변화시키기 위한 어떤 의도)하려는 상황에서 언제나 앞서서 일어날 수밖에 없는 것이 '염려(Sorge, 불안 또는 마음 씀)'[128]라는 것이다. 그 이유는 이미 현존재에게 기투의 의지가 작동하는 순간, 그 이전에 이미 염려는 작동되고 있다는 의미이다. 여기에 관련된 이야기[129]가 있다.

126) 앞의 책, 1967. 191쪽.

127) 앞의 책, 192쪽.

128) 이 현존재의 염려가 가용적 존재자에게로 향하는 것은 배려(Besorge)이고 공동 현존재(타자)에게로 향하면 고려(Fuersorge 또는 주의, 보호)이다. 당연히 현존재 자신에게 향하는 것이 마음 씀(염려, 넓게는 불안)이다. 『존재와 시간 강의』, 소광희 지음, 문예출판사, 2003. 137쪽.

129) 『쿠라 이야기』 SZ 11판, 1967. 197~198쪽에는 라틴어로 표기되어 있음.

'염려(Cura)'가 강을 건너갈 때, 그녀는 점토를 발견했다. 생각에 잠겨 그녀는 점토 한 덩어리를 떼어내어 빚기 시작했다. 빚어낸 것을 바라보며 곰곰이 생각하고 있는데, '유피테르(주피터)'가 다가왔다. '염려'는 빚어낸 점토 덩어리에 혼을 불어넣어 달라고 '유피테르'에게 간청했다. '유피테르'는 쾌히 승낙했다. '염려'가 자신이 빚은 형상에 자기 이름을 붙이려고 하자, '유피테르'가 이를 반대하며 자기의 이름을 주어야 한다고 요구하고 나섰다. 쿠라, 즉 '염려'가 만든 피조물 이름을 가지고 '염려'와 '유피테르'가 다투고 있을 때 '텔루스(대지의 신)'도 나서서, 그 형상에는 자기의 몸 일부가 제공되었으니, 자신의 이름이 붙여지기를 요구했다.

서로 다투던 이들은 '사투르누스(시간)'를 판관으로 모셨다. '사투르누스'는 다음과 같이 얼핏 보기에 정당한 결정을 내려주었다. "그대, 유피테르, 그대는 혼을 주었으니 그가 죽을 때 혼을 받고, 그대, 텔루스는 육체를 선물했으니 육체를 받아가라. 하지만 '염려'는 이 존재를 처음으로 만들었으니, 이것이 살아 있는 동안, '염려'는 그것을 그대의 것으로 삼을지니라. 그러나 이름 때문에 싸움이 생겼다. 그런데 그것이 후무(humo 또는 humus, 흙)로 만들어졌으니 '호모(homo, 인간)'라고 부를지니라(여기서 라틴어 'Cura'는 영어 'Care'이다.).

즉 '염려'는 인간의 전존재론적 본질 그 자체이며, 그 염려는 언제나 존재에 '앞질러 있을(sich-vorweg-sein)' 수밖에 없는 이야기를 하이데거는 우화를 통해 설명하고 있다.

10. 현존재의 시간성

앞선 1편에서 하이데거 이야기의 핵심은 현존재는 무엇인가에 대한 '예비적(vorbereitenden)' 분석이었다. 결국 현존재는 세계 안에 있는(세계-내-존재) 것이다. 그런 이유로 당연히 하이데거는 '세계'를 분석하고 뒤이어 '세계-내-존재'는 누구인가를 살펴보기 위해 '내-존재'를 분리하여 해석하였다. 1편의 내용에 기초하여 본다면 하이데거는 현존재의 핵심을 이렇게 정리했다. "세계 내부적으로 만나는 존재자(=현존재의 존재)는 세계에 몰입해 있음으로써 이미 자기를 앞질러 세계 내에 있음"[130]으로 정리하였다.

이것이 곧 현존재의 존재로서의 염려(마음 씀)이다. 이것은 거의 1편의 결론에 가까운데 다시 한번 더 정리해 보면 현존재는 실존하는 동시에 피투적인 '현사실성(Wirklichkeit, 그렇게 살고 있는)' 위에 퇴락해 가는 존재이며 그 과정에서 마음 씀(=염려)의 존재인 것이다.

하지만 1편에서 지속적으로 묘사하는 현존재는 그저 일상성 속에서 본 현존재의 존재일 뿐이었다. 즉 근원적 존재와는 거

130) 앞의 책, 192쪽.

리가 있어서 비본래적[131] 존재를 본래적 존재로 회복시키기 위해 가져온 개념이 다름 아닌 불안(마음 씀의 유형으로서 염려)이었고 이 불안의 상황을 추가하여 다시금 현존재의 상황을 묘사한 것이 1편의 마지막 부분이었다.

현존재의 존재가 본래적이고 근원적이려면 현존재를 전체성과 본래성의 기초 위에서 관찰하고 파악해야 한다는 것이 하이데거의 주장이다.[132] 즉 1편의 내용은 현존재를 단지 일상적 존재자, 즉 비본래적이거나 조건 없는 실존으로만 분석했다. 현존재의 존재를 근원적으로 파악하려면 전체성이라는 조건하에 현존재가 파악(혹은 포착)되어야 하고 동시에 현존재의 본래성이 담보되어야 한다. 여기서 2편의 핵심 개념인 시간이 개입되는데 전체성이라 함은 '출생과 죽음(Geburt und Tod)'을 기초로 하고, 본래성이라 함은 '양심(Gewissen)'에 증거하는 것을 말한다.[133]

출생과 죽음, 그리고 양심을 통해 현존재의 전체성과 본래성이 확보되면 현존재의 존재 의미를 좀 더 근본적으로 해석하기 위한 조건이 형성된 것인데 하이데거는 일단 죽음의 문제에 대

131) 비본래적이라는 말은 분석의 대상이 된 것으로써 나타난 '사실(현사실성)에 근거한' 이라는 의미를 가지고 있다.

132) 『존재와 시간 강의』, 소광희 지음, 문예출판사, 2003, 148쪽.

133) SZ 11판, 1967, 234쪽.

해 검토한다. 현존재의 존재 자체가 죽음에 의해 보증되는 것이기 때문에 죽음으로써 그 보증은 종료된다. 따라서 현존재는 죽음을 향해 나아가는 존재, 즉 죽음 안에 있는 존재(=죽음에 이르는 존재)[134]인 것이다.

하이데거는 죽음에 대하여 이렇게 말한다. 죽음은 독자적이고 확실하며 넘어설 수 없는 가능성이다. 가능성으로의 존재, 즉 현존재는 죽을 수 있는 존재로서 스스로와 관계를 맺어야 하는데, 이러한 관계는 가능성(=죽을 수 있는)의 존재 안에서 그 가능성을 나타내기 위해서이다. 이러한 가능성으로의 존재(=죽을 가능성을 가진)를 우리는 가능성으로의 '선구(vorlaufen)'라고 부른다.[135]

여기서 선구란 '앞으로 달려 나간다'는 의미이다.[136] 앞으로 나아간다는 것은 실존론적 기투, 즉 적극적으로 죽음을 추구하는 것인지 혹은 피투의 본질인지(어차피 애쓰지 않아도 죽을 수밖에 없는 것인지) 결정할 수 없다. 다만 하이데거는 실존론적 기투에 의미를 둔다(1편의 내용에 기초한다면).

134) Sein zum Tode, 앞의 책, 같은 곳.
135) 앞의 책, 262쪽.
136) 『존재와 시간 강의』, 소광희 지음, 문예출판사, 2003, 150쪽.

하이데거에 의하면 양심은 '죄책감(schuldig-sein)'[137]에 근거하는 것으로 묘사하고 있다. 즉 본질적으로 피투적인 존재인 현존재가 자기 자신을 불러일으키는 기투적 동인으로 해서 생겨나는 것이 양심이라고 보는 것이다. 이렇게 양심을 정의함으로써 현존재는 근원적이며 본래성으로 돌아오는 것이다.

이 부분, 즉 본래성으로 되돌아온다는 이야기와 불교의 본래면목[138]과 교차하는 지점이 있다. 본래면목本來面目이란 중생이 본래 가지고 있는, 인위가 조금도 섞이지 않은 마음을 일컫는다. 부처는 이것을 발견하는 것이 깨달음으로 가는 길이라고 이야기한다. 본래면목과 하이데거가 말하는 현존재의 근원적인 본래성은 몇 가지 유사한 부분이 교차한다.

먼저 불교에서 말하는 모든 존재는 단지 공空[139]할 뿐이다. 특별히 현존재인 인간이라고 해서 예외일 수는 없다. 다만 어떤 원인과 어떤 이유(연기)[140]로 생성과 소멸할 뿐이다. 그래서 무

137) 하지만 종교적 죄책감은 아니다. SZ 11판, 1967. 306쪽 각주 참조.

138) 자성自性, 진아眞我, 불성佛性, 진여眞如, 일심一心 등으로 불린다.

139) 공空, 산스크리트어 sunyata, 영 emptiness: 텅 비어 있다는 형용사 'sunya'의 명사형 'sunyata'인데 텅 비어 있음 정도로 번역될 수 있다.

140) 연기緣起, 산스크리트어 patītyasamutpāda: 모든 현상은 무수한 원인因(hetu)과 조건緣(pratyaya)이 상호 관계하여 성립되므로, 독립적이고 자생적인 것은 하나도 없다. 즉 조건이나 원인이 없으면 결과果(phala)도 없다.

아[141]이며 무자성[142]이다. 하이데거의 피투적 존재로서의 현존재와 큰 차이가 없다. 다만 세계에 던져진 존재이기 때문에 원인도 결과도 알 수 없이 '죽음을 향해(Sein zum Tode)' 나아가는 존재일 뿐이다. 이러한 현존재의 근원성과 본래성을 회복하기 위해 하이데거는 '죽음'과 '양심'을 주장하고 있다. 여기서 하이데거의 '죽음'이 주는 은유는 불교에서 말하는 무자성의 인식이다. 더불어 '양심'이라고 표현된 것 역시 무자성에 기초한 '본래면목'을 회복하는 것이라고 추정해 볼 수 있다. 하이데거는 여기에 다시 시간을 추가하고 있는데 시간은 지속되는 현재의 연결로서 단지 '결과를 생성할(sich zeitigen)'[143] 뿐이다.

1) 죽음

현존재의 죽음은 독자적이고 분명하며 무규정적인, 그리고 타협불가능하며 뛰어넘을 수 없는 명백한 가능성이다. 어느 누구에게도 당연히 죽음에 이르지만 보통의 사람들은 죽음을 의도적으로 회피하고 동시에 스스로에게는 해당되지 않는 것으로

141) 무아無我, 산스크리트어 anatman: 무아는 아상我相에 반대되는 말이다. 아상이란 '나'를 내세우고, '나'란 실체가 있다는 주장이다. 따라서 무아는 불변의 실체라 할 '나'는 존재하지 않는다고 보는 것이다.

142) 무자성無自性 산스크리트어 niāsvabhāva: 반야경에서 말하는 무자성無自性은 고정불변하는 자성自性이 없다는 뜻이다. 즉 모든 현상은 여러 인연의 일시적인 화합에 지나지 않으므로 거기에 불변하는 실체가 없다는 의미다.

143) 소광희는 『존재와 시간 강의』에서 시숙時熟이라는 표현을 쓴다.

간주한다. 그러나 현존재는 죽음을 통해서만 전체성이 확보될 수밖에 없다. 안타깝지만 누구도 죽어볼 수는 없으니 그저 간접 경험을 통해 접근하고 거기에 기초하여 추론할 수밖에 없다.

다른 사람(=타자, 공동 현존재)의 죽음을 통하는 것은 근본적으로 불가능하다. 죽음은 궁극적으로 각자의 것이라는 당연한 전제가 있기 때문이다. 현존재는 '죽음에 이르는 존재(Sein zum Tode)' 혹은 '종말에 이르는 존재(Sein zum Ende)'라고 하이데거는 규정한다. 현존재의 전체성[144)]을 확보하기 위해서는 죽음 이후의 시간을 고려해야 하는데 죽음 이후의 시간을 생각한다는 것은 있을 수 없으니 하이데거는 이 문제를 '죽음으로의 선구(Vorlaufen zum Tode)'라는 다소 애매한 표현을 쓰고 있다.

(1) 미완, 종말, 전체성

하이데거는 죽음에 대하여 다음 세 가지의 주장을 펼친다.[145)] 즉 '미완(Ausstand)', '종말(Ende)', 그리고 '전체성(Ganzheit)'이다.

144) 현존재의 삶 자체를 하나의 객관적 대상물로 삼았을 때의 전체성. 그러나 현존재는 죽음이라는 사태를 넘어설 수 없는 한계를 가지고 있다.
145) SZ 11판, 1967. 242쪽.

(a) 현존재에게는, 그가 존재하는 한, 그가 [앞으로] 존재하게 될 어떤 '아직 아님', 즉 부단한 미완이 속한다.

(b) 각기 그때마다 '아직 종말에 이르지 않은 자'의 '종말에 이름(미완을 존재에 맞추어 제거함)'은 더 이상 현존재가 아님(더 이상 거기에 있지 않음)이라는 성격을 가진다.

(c) 종말에 이름은 그때마다의 현존재를 단적으로 대리할 수 없는 그런 어떤 존재양태를 자체 안에 포함하고 있다.

(a)에서 '아직 아님'은 현존재가 아직은 죽음이 아니라는 것이다. 즉 '미완(Ausstand)'이라는 의미이다. 여기에 대해 하이데거는 아래와 같이 매우 친절하게 예를 들어 설명한다.[146)]

즉 본래 'Ausstand'의 뜻은 '채무의 미 회수', '만월이 되기까지의 달의 검은 부분', '과일의 미숙'이라는 뜻이다. 첫 번째, 채무의 미회수는 미수금이 회수되어 채무액과 같아지면 '아직 아님'이 제거된다. 두 번째, 만월에 이르지 못한 것은 달에 대한 지각작용의 문제일 뿐이다. 세 번째, 과일의 미숙은 성숙과정에서 불가결한 것이므로 과일로부터 완전히 제거할 수 없다(반

146) 『존재와 시간 강의』, 소광희 지음, 문예출판사, 2003. 158쪽.

드시 그런 과정을 거쳐야 한다.). 하지만 성숙해지는 순간 '아직 아님'은 역시 제거된다.

하지만 현존재에 있어서는 미완이라는 의미는 매우 상대적이다. 즉 위 사건이나 전재자의 상황과 같이 충족되는 순간 현존재는 더 이상 존재할 수 없다. 따라서 끝없는 미완으로 존재하면서 종말이나 죽음에 이르는 존재일 뿐이다. 그런 이유로 하이데거는 다시 이렇게 설명한다.

"존재하는 한, 현존재는 부단히 이미 자신의 '아직 아님'으로 있다. 이와 마찬가지로, 현존재는 이미 언제나 자신의 종말에 있기도 하다. 죽음이라는 말이 의미하는 끝남은, 결코 현존재의 끝이 아니라. 이 현존재가 '종말에 이르는 존재(Sein zum Ende)'라는 것이다. 죽음은 현존재가 존재하자마자 그 현존재가 인수한 하나의 존재방식이다. 인간은 태어나자마자 죽기에 충분할 만큼 늙어 있다."[147] [148]

'아직 아님'으로 남아있다는 것은 현존재가 종말을 향해 가고 있다는 의미이며 설사 이 '아직 아님'이 채워진다 해도 그것

147) 『Der Ackermann aus Boehmen』(『보헤미아 출신의 농부』), A. Bernt and K. Burdach 편(『중세에서 종교개혁까지』. 독일 교육사 연구, K. Burdach 편, 제3권, 제2부), 1917. 제20장, S. 46.
148) 앞의 책, 245쪽.

은 현존재의 죽음과 같을 수 없다. 왜냐하면 '아직 아님'이 채워진다는 것은 완성의 의미가 있지만, 죽음은 세계에서 완벽하게 제거되는 것이기 때문이다.

(2) 죽음에 이르는 본래적 존재의 실존론적 기투: 죽음으로의 선구

현존재의 죽음을 거시적으로 통찰하여 '죽음'을 기준점(지금까지는 현존재를 기준으로 함)으로 다르게 표현하면 현존재는 '죽음에 이르는 본래적 존재'인데, 그 본래적 존재가 실존에서 기획투사, 즉 현존재의 의도[149]에 따라 실존의 범위 안에 죽음이라는 기점을 포함시키려는 태도를 우리는 '죽음으로의 선구'라고 부른다.

이러한 상황을 하이데거는 이렇게 묘사한다.

"현존재는 열어 밝혀져 있음에 의해서, 즉 처해 있는 이해에 의해서 구성된다. 죽음을 향한 본래적인 존재는 가장 고유하고 무연관적인 가능성 앞에서 회피할 수 없으며 또 이러한 도피 속에서 그 가능성을 은폐할 수도 없고 '그들'의 이해를 위해서 바

149) 실존론적으로 죽음을 다루고자 하는.

꾸어 해석할 수도 없다. 그러므로 죽음을 향한 본래적인 존재의 실존론적 기획투사는 그런 존재의 계기들을, 즉 존재를 앞에서 특징지은 가능성을 향한 도피하지 않고 은폐하지 않는 존재라는 의미에서 죽음을 이해함으로써 구성하고 있는 그런 계기들을 끄집어내야 한다."[150]

이것이 이루어지기 위해서는 죽음을 향한 현존재의 상황을 '가능성을 향한 존재'로 파악해야만 한다. 즉 죽음에 대한 가능성(죽음으로의 선구)에 터 잡아 죽음까지 최대한 가까이 다가가야 한다. 왜냐하면 죽음을 넘어설 수 없기 때문인데 가능한 죽음이라는 기점을 실존 속에 포함시키고자 하는 하이데거의 방법론이다. 즉 최대한 죽음에 가까워진 상태에서 현존재는 스스로의 존재 가능성의 극단을 취하게 되는데, 이 상황이 바로 하이데거에 의하면 '선구(Vorlaufen)'라 부른다. 선구의 본질인 '본래적 실존의 가능성'[151]은 선구의 한계이기도 한 셈이다.

그러면 죽음으로의 선구가 '본래적 실존'을 이해하게 되는 이유는 무엇인가? 또 선구는 죽음의 가능성을 어떻게 열어 밝히는가? 하이데거는 다섯 가지 예를 들어 그 질문에 답한다.[152]

150) SZ 11판, 1967. 260쪽.
151) 『존재와 시간 강의』, 소광희 지음, 문예출판사, 2003. 166쪽.
152) SZ 11판, 1967. 262쪽.

(a) 죽음은 현존재의 가장 특이한(독자적인) 가능성이다. 죽음은 현존재가 앞서서 나아갈 때마다 세상과 단절되는 계기가 되지만 죽음으로의 진행은 불가능함으로 현실에서는 단지 죽음이라는 사태로만 존재할 수밖에 없다.

(b) 죽음의 가장 고유한 가능성은 무연관(몰 교섭)[153)]적 가능성이다. 이를테면 죽음 자체는 현존재 각각에게 매우 개별적이어서 그 어떤 연관성을 가질 수 없다. 동시에 죽음은 현존재에게 개별 현존재일 것을 요구한다. 현존재는 자신의 존재를 가능하게 만들 때에 비로소 본래적으로 그 자신이 될 수 있는 것이다.

(c) 죽음의 가능성(고유하고 무연관한)은 뛰어넘을 수 없는 가능성이다. 죽음으로의 선구는 현존재에게 자신의 실존 가능성의 극단을 경험하게 하는 것이다. 하지만 그(죽음의) 가능성을 포기할 수 있도록 열어 밝히고 이를 통해 자신의 유한함을 자각하게 되는 것이다.

(d) 위 (a), (b), (c)의 가능성은 거의 확실하다. 각각의 가능성으로 나아갈 수 있는 상황에서 현존재는 각각의 가능성이 언제

153) 소광희는 이 표현을 쓴다. 즉 거래의 가능성이 제로에 수렴한다.

나 열어 밝혀져 있음을 깨닫게 되는데 그 조건으로 현존재는 불교에서 말하는 무아無我의 단계에 도달해야 한다. 그렇게 함으로써 확실해지는 죽음은 현존재의 눈앞에 드러나게 되는데 이때 그 사태는 무차별적(즉 중요도나 긴급함 동시에 가용적 존재자나 전재자를 포함하는 대상)이라는 것이다.

(e) 위 (d)의 확실한 가능성은 확실하기는 하지만 무규정적(즉 어떤 판단의 기준이나 나아가 해석의 기준도 존재할 수 없는)이다. 현존재의 죽음은 언제 어디서든 가능한 독자적인 사태이므로 현존재는 언제나 부단한 위협 아래 놓여 있게 된다. 그 위협에서 유래되는 것이 불안이다. 여기서 다시 하이데거는 무無를 차용한다. 즉 불안의 가장 큰 이유는 현존재의 존재가능성인데 그 존재가능성이 죽음으로의 선구에 의해 무에 다가가게 되면 그 순간 현존재는 존재가능의 불안에 빠진다는 것이다.

2) 양심

앞서 우리는 현존재 전체성의 종말인 '죽음'을 파악하였다. 그리고 그 '죽음에 이르는 본래적 존재의 실존론적 기투'를 '죽음으로의 선구'라고 했다.[154] 이를테면 '죽음으로의 선구'가 현

154) 『존재와 시간 강의』, 소광희 지음, 문예출판사, 2003, 170쪽.

존재의 본래적 존재로서의 전체성을 보증하는 것이라고 말 할 수 있다.

여기서 또 다른 문제가 생기게 된다. 죽음으로의 선구는 현존재의 죽음이 가지는 실존론적 또는 존재론적인 가능성을 통찰한 것에 불과하다. 다시 말하면 죽음이라는 구체적 사태를 실존하는 현존재를 통해 규명하려다 보니 '죽음으로의 선구'라는 매우 이해하기 어려운 개념까지 만들어냈지만 결국 죽음을 넘어설 수 없는 분명한 한계를 자인한 셈이기도 하다. 문제는 또 있다. 현존재가 종말에 이르기까지의 과정을 논의했으나 현존재의 실존적 존재 가능성에 대해서는 여전히 증명되지 못하는 부분이 있다.

하이데거는 이 부분에서 '양심(Gewissen)'이라는 용어를 사용하여 현존재의 실존적 존재 가능을 증명하려 한다. 물론 앞선 글에서 양심은 줄곧 등장해 왔다.[155] 하지만 제2편 제2장 본래적 존재가능의 현존재적인 증명과 결단성, 제55절~60절에서 양심에 대해 구체적으로 논의한다. 2장의 제목에서 알 수 있듯

155) 제1편, 제3장 Die Weltlichkeit der Welt(세계의 세계성), 16절 세계적합성, 24절 현존재의 공간성과 공간, 제4장 Das In-der-Welt-sein als Mit- und Selbstsein, Das 'Man'(더불어 있음과 자기 자신으로 있음으로서의 세계-내-존재. '그들'), 27절 일상적인 자기 자신으로 있음과 '그들', 제5장 Das In-Sein als solches(안에-있음 그 자체) 제35절 잡담, 제6장 Die Sorge als Sein des Daseins(현존재의 존재는 염려), 제43절 현존재, 세계성, 실재성 등에 있다.

이 양심을 증거로 '본래적 존재가능의 현존재적인 증명'을 시도하려는 것이다.

일상적인 사람들은 본래적[156]으로 살기는 불가능하다. 당연히 비본래성이 우리의 삶을 지배한다. 그러다 보니 보통의 우리는 스스로의 고유성과 엄밀성을 망각하게 된다. 여기서 본래성을 회복하기 위해 현존재가 할 수 있는 방법은 거의 외길이다. 즉 본래성을 잃게 된 그 길로 다시 돌아오는 길밖에 없다. 이것을 하이데거는 이렇게 표현한다.

"그것은 오직 현존재가 자기 자신을 고유하게 '그들' 속에 상실되어 있음에서부터 그 자신에게로 되찾아오는 식으로만 되돌려 세워질 수 있다. 그렇지만 이러한 되찾아옴은, 그것을 소홀히 함으로써 현존재가 자신을 비본래성 속으로 상실해버린 바로 그 존재양식을 가져야 한다. 그들에서부터 자신을 되찾아옴은, 다시 말해서 그들 자신을 본래적인 자기 존재로 실존적으로 변양시키는 일은 '선택의 만회'로써만 수행되지 않으면 안 된다. 선택의 만회란, 이 선택을 선택함, 자신의 고유한 자기에서부터 하나의 존재가능을 결정함을 의미한다. 선택을 선택함에서 현존재는 처음으로 자신에게 본래적 존재가능을 가능하

156) 독일어 'eigentlich'의 뜻은 본래의 참된, 고유한, 엄밀한 등의 의미이다. 다시 말해 인간 본성 그대로의 삶이 본래적인데 보통의 사람들은 이러한 삶을 살 수 없다.

게 해주는 것이다"[157]

하이데거에 의하면 현존재가 본래성을 회복하는 과정은 그 본래성을 자기 자신에게 제시하여야 하는데 무엇을 제시하고 그 제시를 통해 증명할 것인가를 '양심의 목소리(Stimme des Gewissens)'[158]라고 명명했다. 여기서 '양심'이란 근본적으로 일반적으로 우리에게 유통되는 의미와 비슷하기는 하지만 하이데거는 특별히 양심을 '비본래적, 일상적 현존재를 본래적 현존재로 돌려놓는 것'이라고 정의하였다. 다시 말해서 그 양심의 목소리(본래적 현존재로 돌아가라는 소리)에 따라 선택을 만회하여야만 본래적인 자기 존재로 변양(모습을 바꿈)시킬 수 있다는 것이다.

당연히 이 양심은 비객관적이며 비전재적이어야 한다. 즉 각각의 현존재의 현사실성 부합하여야 하고(현존재마다 가지는 특수성) 동시에 미리 존재할 수 없는 것이 너무나 당연하다. 동시에 법률적이거나 종교적이거나 심리적인 것도 아니다. 이를테면 양심은 현존재의 모든 것으로부터 '열어 밝혀짐(개시)'이다.

하이데거는 이렇게 양심을 이야기한다.

157) 『Sein und Zeit』, M. Heidegger, 이기상 역, 까치, 1998. 328쪽.
158) SZ 11판, 1967. 268쪽.

"양심은 '어떤 것'을 이해하게 해준다. 즉 양심은 열어 밝힌다. 이러한 형식적인 성격부여에서부터, 양심이라는 현상을 현존재의 열어 밝혀져 있음 안으로 되돌려놓아야 한다는 지침이 생긴다. 우리 자신이 각기 그때마다 그것인 이 존재자의 근본구성틀은 처해 있음, 이해, 빠져 있음, 말에 의해서 구성되고 있다. 양심에 대한 더 철저한 분석은 양심을 부름으로써 밝혀준다. 부름은 말의 한 양태이다. 양심의 부름은 현존재를 그의 가장 고유한 자기존재가능으로 불러내는 성격을 가지며, 그것도 가장 고유한 탓이 있으므로 불러세움의 방식으로 그렇다."[159)]

여기서 '부름(ruf)'이란 사전적 의미로 '(특정 지점으로) 오라고 불러들이거나 부르는 것'을 의미한다. '불러낸다(anruf)'는 것은 매우 적극적으로 부름의 의사를 전달한다는 것이며 '불러세움(aufruf, 혹은 불러일으킨다)'는 스스로에게 '부름'의 상황을 제공하여 그것에 따라 움직이게 하는 것을 의미한다. 정리해 보자면 양심이란 비본래적 삶 속에 퇴락(빠져 있는)해 있는 현존재에게 본래적 삶으로 돌아와야 한다는 일종의 고지인데 이것을 '부름'이라 하고 그 부름을 통해 현존재는 자신의 비본래적 삶으로부터 본래적 삶으로 열어 밝혀질 수 있다는 것이다. 그러한 양심의 부름을 연속적 과정으로 표현한 것이 '불러냄'이고 나아가 '불러세움'으로 표현한 것이다.

159) 『Sein und Zeit』, M. Heidegger, 이기상 역, 까치, 1998. 360쪽.

(1) **양심의 부름**

하이데거는 이렇게 말한다. "현존재는 양심을 통해 자신을 부른다. 현존재는 양심을 부르는 자이자 동시에 부름받는 자이다. 부름은 나의 내면으로부터 나오지만 나를 초월한다."[160)]

너무나 당연하게도 양심은 절대로 외부적일 수 없다. 당연히 자신으로부터 나오며 그것은 매우 분명하게 자신에게 인식된다. 나로부터 일어나 나를 부르기 때문에 항상 현존재인 나를 질타하는 것에 가깝다. 세상 속에 던져져서 퇴락해 가는 현존재는 언제나 염려[161)]의 존재일 수밖에 없다. 그 염려가 양심을 부르는 것이다.

즉 세상 속에 던져져서(피투되어) 퇴락해 가는 존재인 현존재의 내부에서 자신의 퇴락에 대하여 고민하고 걱정하는(염려하는) 부름이 양심이라는 것인데 이 사실에 대한 하이데거의 표현은 이러하다.

"양심은 염려의 부름이다. 부르는 자는 피투된 세상 속에서 자신의 존재 가능 때문에 불안에 떨고 있는 현존재이다. 부름

160) SZ 11판, 1967. 275쪽.

161) 본서 9. 현존재의 존재로서의 염려(die Sorge), 3) 현존재의 존재는 염려 참조.

받은 자는 자신의 가장 고유한 존재가능(자기를 앞질러)[162]에로 불려진 바로 그 현존재이다. 그리고 현존재는 불러냄에 의해서 '그들' 속에 빠져 있음에서 불러 세워진다. 양심의 부름, 다시 말해서 양심 자체는 현존재가 그의 존재의 근본에서 염려라는 사실에 그 존재론적 가능성을 가지고 있다."[163]

양심의 부름은 침묵이지만 대단히 엄격하고 분명하다. 앞서 이야기한 것처럼 부르는 자도 불리는 자도 현존재 자신이다. 그 부름을 제대로 듣기 위해서는 어떤 조건, 예를 들어 '무엇을 알아차리는'을 전제로 하며 그 조건으로 하여 양심의 부름을 통해 현존재는 세상에 열어 밝혀질 수 있다.

그러면 이 양심의 구조는 무엇인가? 양심은 세상에 던져진 현존재의 약간은 '불쾌한(unheimlich)'[164] 불안으로부터 나온다. 여기서 '불쾌하다'거나 '으스스하다'거나 또는 '섬뜩하다'는 것은 어떤 의미인가? 그것은 양심이 가진 본질에 해당한다. 현존재가 '피투성'(세상에 던져진)에 근거하여 하는 세상에서의 행위들은 대부분 '책임(Schuld)'[165]이 따르는 것이다. 따라서 현존재

162) 본서 10. 현존재의 시간성, 1) 죽음, (2) 죽음에 이르는 본래적 존재의 실존론적 기투: 죽음으로의 선구.

163) 앞의 책, 277쪽.

164) 이 단어를 이기상은 '섬뜩한'으로, 소광희는 '으스스한'으로 번역하였다.

165) 이기상은 '탓'으로 번역하고 소광희는 '책責'으로 번역한다.

의 실존에 따른 행위의 책임을 물어오는 양심의 부름에 대한 현존재가 가지는 느낌은 '불쾌하다', 또는 '으스스하다' 혹은 '섬뜩하다'라는 기분으로 해석될 것이다.

이 문제에 대하여 하이데거는 매우 구체적인 예를 들어 이 상황을 설명하고 있다. 간단히 소개하면 다음과 같다. 현존재가 일상적으로 책임을 진다는 것은 크게 두 가지 경우이다.

첫째, 책임을 진다는 것은 채무[166]를 지는 것과 같다. 이 경우 조건은 현존재와 타자(공동 현존재)와의 관계로부터 비롯된다. 둘째, 책임을 진다는 것은 어떤 일의 원인을 제공했다는 것이다. 즉 그 일이 아니었다면 이런 결과가 없었을 것이라는 상황에서의 책임이다. 둘 다 법률적으로 책임이 있을 수 있고 두 사례가 합쳐지면 법률 위반의 가능성이 있다. 하지만 현존재가 이러한 책임이 던져진 존재로서 모두 부담한다는 것은 다소 무리한 해석에 가깝다. 왜냐하면 현존재의 모든 행위(기투)[167]에 책임을 지운다는 것은 오히려 현존재의 실존을 부정하는 결론에 이를 수 있기 때문이다.

166) 민법적인 청구권이 그 예이다.
167) 현존재가 의도하고 실행에 옮기는 모든 행위.

하이데거가 말하고자 하는 '책임을 진다'는 것은 대단히 실존론적인 경우다. 이를테면 현존재가 세계 안에 존재하는 이상 언제나 염려를 가지게 된다. 현존재의 특성상 현존재는 자신에게 자신이 맡겨져 있는 유일한 존재자이므로 당연히 자신의 존재 가능의 구조를 이해하고 그 구조에서 비롯되는 염려를 가진다. 하이데거는 그 염려로부터 유래되는 부름에 대하여만 '책임을 진다'는 표현을 사용하였을 것이며 동시에 그래야만 현존재의 실존(자신의 존재 가능성)을 보장받게 되는 것이다.

여기서 새롭게 등장하는 용어가 '근거존재(Grundsein)'[168]인데 근거존재라 함은 자기의 존재를 결코 자신이 좌우하지 못하는 존재지만 오히려 그것이 실존의 근거가 됨을 의미한다. 다시 말하면 '자기 자신은 결코 그 근거에 대해서 권한이 없지만 그럼에도 실존하면서 근거가 되는 것'[169]이라고 설명한다.

"현존재는 끊임없이 자신의 가능성 뒤에 남아 있다. 현존재는 결코 자신의 근거에 앞서 실존할 수 없고 단지 각기 그때마다 오직 그 근거에서부터 그리고 그 근거로서 실존할 뿐이다. 그러므로 근거가 됨은 자신의 가장 고유한 존재를 근본적으로 결코 마음대로 지배하지 못함을 말한다. 이 '아님(Nicht,

168) Grund(땅)와 sein(존재)을 합쳐서 근거존재라고 씀.
169) 앞의 책, 282쪽.

못함)'은 내던져져 있음(피투)의 실존론적 의미에 속한다. 현존재는 근거가 되면서 그 자신은 언제나 자기 자신의 '아님'으로 존재하는 것이다."[170)]

하이데거가 사용한 '아님(Nicht, 못함)'은 부정적 의미이지만 사실은 현존재의 무력함을 나타내는 표현이다. 즉 어쩔 수 없는 현존재의 한계 상황을 이렇게 표현한 것일 뿐이다. 이러한 무력함은 현존재의 본질에 가깝다.

양심의 부름이 있다면 들음이 있어야 한다. 양심의 소리를 듣는다는 것은 현존재 스스로를 이해하는 것일 가능성이 높다. 즉 현존재 자신을 책임지는 존재로 기획 투사하는 것이다. 즉 현존재는 부름을 이해하고 그 이해에 기초하여 들으며 그것에 따르게 된다. 즉 현존재는 자신의 양심에 따라 듣고 움직이므로 자신의 실존을 선택하게 되는 것이다. 이 상황을 하이데거는 '양심을 가지려는 의지'[171)]라고 불렀다.

170) 『Sein und Zeit』, M. Heidegger, 이기상 역, 까치, 1998. 380쪽.

171) SZ 11판, 1967. 289쪽. "양심은 세계-내-존재의 불안함 속에서 염려의 부름으로, 존재를 본래적 죄책 가능성으로 불러 세운다. 이 부름에 대한 적절한 이해로써 '양심을 가지려는 의지'가 나타난다."

(2) 양심의 결단성[172)]

하이데거는 양심의 부름을 받고 더불어 들음을 통해 불안한 침묵 속에서 양심의 소리가 지적한 스스로의 책임을 찾아 그 책임을 지겠다는 의지를 '결단성(결의성)'이라고 불렀다.[173)] 즉 이러저러한 현존재의 상황을 정리하여 마침내 양심의 부름에 따라 결론에 이른 것을 표현하는 것이다. 따라서 하이데거에 의하면 결단성은 현존재가 세계에 대하여 열어 밝혀져 있는 두드러지고 뛰어난 모습의 하나라고 주장한다.[174)]

하이데거에 의하면 이러한 결단성은 사실 현존재의 본래 모습에 가깝기 때문에 이것을 '근원적 진리(ursprüngliche Wahrheit)'[175)] 라고도 표현한다. 논리적 구조에 의한다면 결단성은 근원적 진리이므로 당연히 본래적이고 동시에 세계에 대하여 개시될 수밖에 없다. 이것은 세계 속에 존재하는 현존재의 책임 있음에 대한 양심의 부름을 듣고 자신을 일깨우는(불러 세우는) 것이므로 앞서 설명한 현존재의 존재자로서의 염려(마음 씀)가 가지는 본래성이기도 하다.

172) 'Entschlossenheit'을 이기상은 '결단성'이라고 번역하고 소광희는 '결의성'이라고 번역한다.

173) SZ 11판, 1967. 297쪽.

174) 같은 곳.

175) 같은 곳.

그러면 본래적으로 개시된다는 것의 구체적인 모습은 무엇인가? 하이데거는 이렇게 표현한다.

"결단성은 본래적인 자기존재로써 현존재를 그의 세계로부터 분리시키는 것이 아니며 현존재를 공중에 떠도는 것으로 떼어놓는 것도 아니다. …… 결단성은 본래적인 열어 밝혀져 있음으로서 본래적으로 세계-내-존재 외에 다른 것이 아니다. 결단성은 자기 자신을 바로 그때마다의 배려하며 손안의 것 곁에 있음에게로 데려오며 자기 자신을 타인과 함께 심려하며 더불어 있음에 부딪치게 한다."[176)]

이를테면 결단성을 통해 비로소 현존재는 공동현존재와 본래적 관계 맺음으로 나아갈 수 있다는 것이다.

하이데거는 다시 한번 더 결단을 내린 현존재의 상황을 정리한다.

"결단을 내린 현존재는 자기 자신이 선택한 자기의 세계로 자신을 자유롭게 내준다. 자기 자신에로의 결단성이 현존재를, 비로소 함께 존재하는 타인들을 그들의 가장 고유한 존재가능

176) 『Sein und Zeit』, M. Heidegger, 이기상 역, 까치, 1998. 397쪽.

에서 존재할 수 있도록 하며, …… 결단한 현존재는 타인의 양심이 될 수 있다. 결단성의 본래적인 자기존재에서부터 비로소 처음으로 본래적인 '서로 함께'가 발원되는 것이지, '세상 사람들' 속에서의 애매하고 질투심 섞인 약속들과 수다스러운 친교 그리고 사람들이 도모하려고 드는 일에서부터 생기는 것이 아닙니다."[177]

즉 결단을 내린 현존재는 자신의 양심을 부르고 들으며 자신의 불쾌한 책임을 염려하는 존재를 넘어 타인(공동현존재)에게까지 영향을 줄 수 있으며 이것으로 세계 안에서 서로 자유로운 관계 맺음으로 나아갈 수 있다고 본 것이다. 하이데거의 방식으로 표현하자면 '양심의 부름과 들음을 통해 현존재는 존재의 본래성을 실존적으로 결단하여 회복한다'[178]는 것이다.

3) 현존재의 시간성

드디어 현존재의 시간성에 이르렀다. 단적으로 표현하면 시간성은 현존재의 존재를 가능하게 하는 것이다. 현존재의 시간성은 『존재와 시간』 전체에서 하이데거가 말하고자 하는 핵심 중 하나이다. 현존재를 분석하고 염려의 존재론적 분석, 그리

177) 같은 곳.
178) 『존재와 시간 강의』, 소광희 지음, 문예출판사, 2003. 188쪽.

고 그 내부적 요소인 '죽음으로의 선구'와 '양심', 그리고 '양심의 결단성'에 이르기까지 지나온 과정은 '현존재의 시간성'이라는 구조를 위한 주춧돌과 기둥들이었다.

'죽음으로의 선구'는 현존재가 죽음에 이를 수밖에 없는 본래적 존재임을 분명하게 밝혔고, '양심'과 그 '결단성'은 현존재의 본래적 존재 가능성을 밝히는 핵심 증거였다. 이러한 것들을 종합하여 하이데거는 현존재의 시간성에 대하여 이렇게 정의한다. "현상적으로, 그리고 본래적으로 시간성은 존재의 본질적 전체 존재, 즉 '선구적인 결단성(vorlaufenden Entschlossenheit)'으로 경험된다."[179)]

여기서 '선구적인 결단성'이란 이런 의미를 포함하고 있다. 먼저 '선구적'이라는 말은 죽음의 분석에서 현존재가 다가갈 수 없는 시점(죽음 이후)의 한계성을 극복하기 위하여 일종의 대체 수단으로 만들어 낸 개념이다. 이 개념이 필요한 이유는 현존재의 삶과 죽음까지를 한 덩어리로 이해하기 위해서이다. 즉 현존재는 죽음이라는 관문을 넘어설 수 없기 때문에 그 관문까지 최대한 근접과정을 죽음으로의 선구라고 밝혔고 다시 시간의 문제에 대하여 이야기하면서 선구적인 과정을 개입시킨 것이다.

179) SZ 11판, 1967, 304쪽.

또 하나의 문제는 '결단(결의)성'인데 이 문제는 앞선 양심의 문제에서 제안된 개념이다.[180] 즉 시간성을 이야기하기 위해서는 이 두 가지의 요소가 전제되어야 하며 이 두 가지 개념으로부터 하이데거는 시간성의 의의를 추론해 내고 있다.

(1) 선구적 결단성

선구적 결단성은 '죽음으로의 선구'와 '본래적 존재 가능을 위한 결단'[181]이 통합된 형태다. 그러나 하이데거는 이 두 현상의 통합 혹은 결합은 원칙적으로는 금지되어 있다고 주장한다. 그러면서 이런 질문을 스스로 내놓는다. "결단성은 그것의 가장 고유한 실존적인 존재 경향 자체에서 그것의 본래적인 가능성으로써 앞질러 나아가려는 결단성을 지시하고 있는가?"[182]

결단성은 양심의 부름에서 유래된 것으로서 현존재의 실존을 본래적인 것으로 파악할 수 있게 하는 단서였다. 거기에 죽음으로의 선구, 즉 본래적 존재 가능성을 앞질러 나아가려는 것이 놓이게 되는데 이때 과연 그 결단성(양심의 부름에 따른)이 현존재의 본래적 실존 가능성을 담보할 수 있는가에 대한 질문

180) 본서 10. 현존재의 시간성, 2) 양심, (2) 양심의 결단성 참조.
181) 양심의 '부름'에 의한 결단(의).
182) 앞의 책, 302쪽.

이다.

즉 결단성의 입장에서, 그 결단성이 한편으로 죽음을 향해 있는 것이라면 그 결단성은 본래적인 것이 된다. 그리고 죽음으로의 선구의 측면에서 본다면 그 결단성은 반드시 죽음으로 향해 있어야 하는데 '이 두 개의 단서가 통일될 수 있을까?' 하는 것이 하이데거의 자문[183)]이었다.

마침내 죽음으로의 선구는 현존재를 그 극단적 가능성인 죽음에 마주하게 함으로써 본래적 존재 가능성을 담보하게 하고 결단성은 현존재가 스스로 죽음에 이르는 것을 열어 밝힌 것이다. 이를테면 하이데거는 결단성을 깊게 들여다봄으로써 그것이 (죽음으로의) 선구에 이르는 것이라고 판단했던 것이다.

결론적으로 현존재는 '결단성'과 '선구'라는 두 가지의 중요한 요소에 의해 그 본래적 존재 가능성을 담보하려는 상황이다. 어쨌거나 현존재의 극단적인 죽음으로 향하고 있다는 것이 선구의 전제이고, 그 바탕에 양심의 부름에 의한 결단성이 본래적 존재로서의 현존재를 향하고 있는 것이다. 이 두 개의 상황을 종합해 보면 현존재의 전체성을 담보하는 것이 선구이고 결단

183) 같은 곳.

성은 그 결단성 속에 있는 현존재의 본래적 존재 가능성을 증거한다. 따라서 선구적 결단성은 현존재의 본래적이고 전체적인 존재 가능을 실존적으로 담보하고 있는 것이다.[184)]

184) 『존재와 시간 강의』, 소광희 지음, 문예출판사, 2003. 192쪽.

◈ 보충학습 1

《선구적 결단성과 불교 여래장如來藏 사상의 관계》

하이데거의 『존재와 시간』 어디에도 불교와의 관계성을 언급하지는 않았지만 책을 읽고 분석하고 다시 그 책의 내용을 정리하다 보니 불교의 여래장 사상과 유사성을 발견한다.

◇ 죽음을 향한 선구적 결단성

현존재는 유한의 존재이다. 이 유한성을 인정하고 동시에 선구적 결단에 의해 죽음을 하나의 사태로 인정할 때 비로소 '본래적 존재'를 회복할 수 있다. 이를 위해 현존재는 '비본래적(uneigentlich)' 존재를 벗어나 스스로 '죽음을 향한 존재(Sein-zum-Tode)'라는 가능성을 수용하여야 한다는 것이 하이데거의 견해다.

◇ 여래장 사상

중생은 본래부터 여래가 될 수 있는 가능성을 갖추고 있다는 사상으로서 본질적으로 불성佛性이나 진여眞如와 동일한 개념이다. 중생은 언제나 번뇌 속에 있지만 그 번뇌에 의해 본성은 더럽혀지지 않으며, 본래부터 절대 청정해 영원히 변함없는 깨달음의 본성을 가지고 있다.

여래장如來藏, Tathagatagarbha 혹은 여래태如來胎라고 하기도 한다. 여기서 '타타가타(Tathagata)'는 여래(부처)를 의미하고, 가르바(Garbha)는 '장藏(저장의 의미다)' 또는 '태모와 태아'를 의미한다. 따라서 여래장은 '그 태내에 부처를 잉태하고 있는 것과 성장해서 부처가 될 태아'라는 두 가지 뜻을 담고 있다. 달리 말하면, 여래장은 인간이 본래부터 가지고 태어나는, 부처가 될 수 있는 가능성을 일컫는 말이다. 열반경, 대승기신론, 능가경 등의 경전에서 강조하는 개념이다.

◇ 두 개념의 유사성

하이데거의 본래적 존재란 죽음을 향한 결단을 통해 존재의 실존 가능성을 담보한다. 불교의 여래장 사상에서 본래적 존재란 중생이 가지는 본래의 불성을 말한다. 그 본래의 불성이 자신에게 있다는 것을 깨닫기 위해 다양한 수행과 노력이 필요하다.

현재의 비본래적 상태(하이데거의 표현)는 타인의 기대와 이미 정해놓은 규범에 따라 퇴락하여 가는 삶이다. 그런가 하면 불교에서의 비본래적 삶은 번뇌와 무명 속에서 자신이 가진 청정한 여래를 깨닫지 못한 상태를 말한다.

하이데거에 의하면 죽음을 자각하고 양심의 부름에 따라 염려를 담보로 하는 선구적 결단을 통해 현존재의 피투성을 극복하여야 한다고 주장한다. 불교에서는 수행을 통해 무명을 걷어내고 깨달음을 얻어 본래의 불성(여래장)에 이르러야 한다고 주장한다.

(2) 염려와 자기성[185)]

시간성에 대하여 구체적인 검토를 위한 '선구적 결단성'의 논의는 일단 앞부분의 내용으로 충족되었다. 이것을 토대로 하여 하이데거는 현존재의 '자기성(Selbstheit)'[186)] 개념을 유도해 낸다. 하이데거에 의하면 자기성이란 두 개의 측면이 있는데 하나는 전통적 존재론[187)]에 대한 비판이고, 다른 하나는 자아를 실존론[188)]으로 보는 견해다.

당연한 결과이지만 하이데거가 자아를 실존론적으로 파악한다는 것은 자아를 비본래적 존재인 세상에 물든 존재 모습을 떠나 본래적이고 독자적이며 실존하는 현존재로서 자아를 규명하는 것이다. 이런 가정을 세운 것은 현존재가 본래적이고 독자적인 실존을 위해서는 끊임없이 염려가 유지 혹은 담보되

185) 일반적으로 '자기성'이라고 번역한다. '이기심'이라는 의미도 포함되어 있다.

186) 하이데거에 따르면, 현존재는 자신의 존재를 이해하고 물을 수 있는 존재이다. 즉 인간은 스스로에게 '나는 누구인가?'라는 질문을 던질 수 있으며, 이를 통해 자신의 존재 방식을 결정할 수 있다. 자기성(Selbstheit)은 이러한 존재 방식의 핵심 요소로, 자신의 본래적 존재를 실현하는 상태를 의미한다. 이는 단순히 '개인적인 자아'를 뜻하는 것이 아니라, 존재의 본질적 가능성을 온전히 받아들이고 실현하는 것을 가리킨다.

187) 플라톤, 아리스토텔레스, 데카르트와 같이 자아를 어떤 고정된 본질을 가진 존재로 보고, 그 본질을 실현하는 것을 철학의 목표로 삼는, 이를테면 자아를 주요한 인식 대상으로 삼는 입장.

188) 키르케고르, 하이데거가 이야기하는 염려와 불안의 존재로서 인간은 결코 고정된 본질이 있을 수 없다는 입장.

어야 하는데 그 과정으로부터 자연스럽게 염려가 시간성으로 해석될 수 있는 기초가 세워지는 것이다.

데카르트나 칸트도 자기성에 대한 언급을 한다. 그들은 앞서 밝힌 것처럼 '나'를 주관, 주체, 그리고 자아라고 생각했다. 데카르트는 '생각하는 존재자(res cogitans)'[189]라 하였고, 데카르트의 입장에 약간은 비판적이었던 칸트조차도 '나는 생각한다(Ich denke)'의 주체로서 자아를 파악하였다. 하이데거는 칸트의 이 말에 대해 이러한 해석을 더한다.

"분명히 칸트는 '나라고 생각한다(말한다)'에서 주어진 현상적 실상을 엄밀히 따르면서, 언급된 성격들에서부터 열어 밝혀진, 영혼의 실체에 대한 존재적 테제들이 부당하다는 것을 보여주고 있다. 그러나 그것을 통해서 단지 '나'에 대한 잘못된 존재적 설명이 퇴치되고 있을 뿐이다."[190]

즉 하이데거 자신이 말하고자 하는 자기성과는 거의 다르거나 미치지 못하다는 것을 이 말을 단서로 매우 장황하게 설명

189) 『Meditationes de Prima Philosophia』(성찰), 1641. 제2성찰(Meditatio II)에서 자신의 존재를 확실한 것으로 입증하기 위해 '나는 생각한다, 고로 존재한다(Cogito, ergo sum)'는 명제를 제시하며, 이를 바탕으로 인간을 '생각하는 것(res cogitans)'으로 정의. 중학교 철학 3, 김준식, 교육과학사, 2024. 96~98쪽 참조.

190) SZ 11판, 1967. 318쪽.

한다.

어쨌거나 현존재는 염려의 존재다. 그런데 그 염려의 근본 근거는 시간성이다. 여기서 근거라 함은 '~을 향하여(Woraufhin)'[191]라는 뜻이다. 즉 현존재의 염려는 시간성을 향하여 열려 있다. 현존재는 피투된 존재이므로 피투된 현사실성과 기투, 그리고 퇴락으로 구성되고 죽음으로의 선구와 그 선구에 기초한 선구적 결단성으로 파악될 수 있다. 이 모든 과정의 아래를 구축하고 있는 것이 염려인데 그 염려가 이를테면 시간성을 띠게 된다는 것이다.

시간과 시간성은 다르다. 시간성은 시간의 성격이나 구조를 말한다. 하이데거가 예로 든 시간성의 전형이 바로 염려다. 염려에는 우리가 알고 있는 시간의 흐름은 존재하지 않는다. 오직 염려를 통해 시간성이 그저 확인될 뿐이다. 하지만 염려하는 현존재는 반드시 시간의 구조(흐름의 구조)를 가질 수밖에 없다.

예를 들어 보자. 현존재는 언제나 죽음으로의 선구를 통한 기투의 존재이며, 현사실적[192]이다. 그러나 현존재는 그저 피투

191) 앞의 책, 324쪽.
192) 자신의 존재 자체에 몰입해 있는 상황.

적 존재일 뿐이다. 피투된 존재로서 현사실적으로 기투하고 있는 현존재는, 피투로부터 기투하는 모든 행위가 전체적으로는 시간의 범위 안에 있다. 그런데 그 전체적 행위는 염려를 근거로 하기 때문에 염려하는 현존재의 상황, 즉 우리의 삶 전체를 하이데거는 염려에 근거한 시간성의 구조로 해석한 것이다.

(3) 선구적 결단성과 시간성

거듭 이야기하지만 하이데거는 시간을 흐름으로 파악하지 않는다. 하이데거는 현존재가 존재적 근거인 염려가 시간적 구조를 가질 뿐이라고 이야기한다. 앞서 이야기한 '선구적 결단성'[193)]은 단적으로 현존재의 전체성과 본래적 가능성의 근거 중 하나였는데 이것을 타당하게 하는 것이 바로 시간성이라고 하이데거는 말한다. 이를테면 선구적 결단성이란 현존재가 자신의 극단적 가능성인 죽음을 향해 달려가(죽음으로의 선구), 양심의 부름에 따라 결단하여, 본래 자기에 '이르러(kommen)', 지금까지 유지되어 왔던 기존(이미 있었던 존재, gewesen sein)의 자신을 회복하고 수용하여 자신의 상황을 '현행화(Gegenwärtigen)'[194)]하는 것이다.

193) 본서 10. 현존재의 시간성, 3) 현존재의 시간성, (3) 선구적 결단성과 시간성 참조.
194) (회복하고 수용한 내용을 참조하여) 마치 이미 있어왔던 현재의 상황으로 만드는 과정. 단어의 뜻은 현재라는 뜻밖에 없다.

여기서 '본래 자기에 이르러(kommen)'라는 개념은 과거 피투된 시점으로부터 시작되었지만 방향은 '장래(Zukunft)'를 향하고 있고, '자신을 회복하고 수용하여'라는 표현은 '과거(Gewesenheit)'라는 시간성이 전제되어야만 가능하다. 마지막의 자신의 상황을 '현행화(Gegenwärtigen)'한다는 것은 당연히 현재성에 대한 표현이다. 정리하자면 현존재는 자신에게 이르러(장래의 시점)(과거 일정 시점의 상황-본래적 자기) 회복 수용하여 그것을 현행화(현재)하는데 이것은 장래, 과거, 현재라는 시간성을 근거로 했을 때 가능한 것이다. 하이데거의 표현을 빌리자면 "염려구조의 근원적인 통일성은 시간성 안에 놓여 있는 것이다."[195]

(4) 하이데거의 시간론

하이데거는 현존재의 염려를 근원적으로 가능하게 하는 것이 시간성이라고 생각했다. 즉 염려를 통한 현존재의 존재 근거를 시간성으로 파악한 것이다. 일반적 존재론에서 시간은 지나간 것(과거)과 다가올 것(미래)이기 때문에 지금의 존재에게 어떤 의미도 없다. 오로지 현재 존재하는 것에만 집중한다. 반면 하이데거의 현존재의 염려를 근거로 하는 시간성은 다음과

195) SZ 11판, 1967. 328쪽.

같은 특징을 가지고 있다.

하이데거가 시간성을 현존재의 존재 근거로 파악한다는 것은 죽음으로의 선구를 통한 양심의 결단성을 담보로 하는 장래(~에로)와 그 결단에 따라 자신을 회복하고 수용하는 과거(~를 향해)를 바탕으로 한다. 여기에 자신의 상황을 현행화시켜 현재성(~에)을 담보하는 것이다.[196] 즉 하이데거의 시간성은 지금까지 존재해 온 철학적 현재 중심의 시간 개념에서 현존재의 염려를 통한 본래적 자아의 '회복'과 '현행화'라는 테제를 인용함으로써 장래와 과거, 그리고 현재의 시간성을 완성하였다. 이것은 다음과 같이 정리될 수 있다.[197]

(a) 시간성은 염려의 구조를 가능하게 한다. 염려는 시간성의 세 '탈자태'[198]로부터 출발한다.

(b) 염려에 의한 '구조계기'[199]는 현존재의 세 구조계기, 즉 '실

196) 앞의 책, 329쪽.

197) 『존재와 시간 강의』, 소광희 지음, 문예출판사, 2003. 206~207쪽.

198) 그리스어로는 '황홀한'으로 번역되는 '탈자脫自(ἐκστάτκόν, 엑스타티콘, 영어 ecstasy)'는 하이데거의 독특한 용어 사용 방법에서 유래한다. 즉 '황홀한'의 의미를 의역하여 '자기를 벗어난다'는 의미로 사용하고 있다. 세 가지 탈자脫自의 유형(=탈자태)이라 함은 과거(zu…, 향해), 현재(bei…, 에), 장래(auf…;에로)의 시간적 현상들이 자신으로부터 벗어남으로써 드러낸다는 의미이다.

199) 구조계기란 지금의 상황으로 또는 그 상황에서 나타나게 된 근거를 말한다.

존', '피투적 현실성' 및 '퇴락'에서 연유한다. 그리하여 시간성이야말로 시간과 염려의 가능 근거가 된다.

(c) 세 시간성의 탈자태 중에서 가장 본질적인 것은 장래이다. 그것은 현존재가 가능존재로서 자기를 기투하기 때문이다.

(d) 근원적 시간으로서의 시간성은 유한하다. 현존재는 죽음에 의해 제한되어 있기 때문이다.

11. 시간성과 일상성

현존재는 시간성 앞에 언제나 열어 밝혀져 있다. '시간성과 일상성'이라는 주제는 그 현존재의 시간성과 일상성이 어떤 관계를 가지는가에 대한 내용이다. 즉 현존재가 시간성에 열려 밝혀져 있음이 본래적인가 혹은 비본래적인가에 따라 시간성을 추정해 보는 것이다. 본래성은 앞서 이야기했던 것처럼 현존재가 양심의 부름에 따라 결단하여 독자적인 자신으로 돌아간 것이라면, 비본래성은 현존재가 세계-내에서 공동 현존재들과 사이에 처해 있으며 퇴락하는 평균적이고 무차별적 존재 양식이다.

현존재의 비 본래성에 시간성을 개입되면 바로 일상적 현존재의 시간적 해석이 가능해진다. 다시 정리하자면 이것은 현존재의 실존적 구조의 근본 구성과 그것의 시간적 해석의 예비적 구상이 이루어진 것이다. 즉 시간성에 근거하여 현존재의 존재 구조가 가능한지를 확인하고자 하는 것이다.[200]

200) SZ 11판, 1967, 334쪽.

1) 열어 밝혀져 있음의 시간성

이 열어 밝혀져 있음은 존재자가 실존하면서 자신의 '거기(Da)'[201]에 자신이 존재할 수 있도록 그렇게 존재자를 구성하고 있음이다. 여기서 그의 존재, 즉 염려[202]의 시간성을 나타내기 위해서 이 염려의 구조계기들, 이를테면 '이해', '처해있음', '빠져있음(퇴락)', '말' 등의 시간성을 해석해야 한다. 물론 이 구조계기들의 시간성은 다시 하나의 시간성으로 통일된다.

(1) 이해의 시간성

현존재는 이해함을 근거로 하여 '둘러봄', '그저 바라봄' 등의 다양한 가능성들을 실존하면서 구성할 수 있도록 한다. 당연히 '거기에(Da)'의 존재를 구성하는 것이다. 이해를 근원론적으로 그리고 실존론적으로 파악한다면 현존재는 제각각, 그때마다, 그 때문에 실존하고 있는 존재 그 자체로 존재할 수 있음을 구성하면서(기투하면서) 존재하는 것이다.[203]

201) '거기'는 현존재의 '현'을 의미함. 공간과 시간을 모두 포함하는 존재자의 위치를 의미함. 이를테면 '나는 지금 학생으로 학교에 위치하고 있다'에서 '지금', '학생으로' 그리고 '학교'의 시공간 전체를 아우르는 말이 거기(Da)라고 볼 수 있음.

202) 앞서 하이데거는 현존재의 염려를 현존재 시간성의 근거로 삼았다.

203) 앞의 책, 336쪽.

그래서 현존재가 이해하면서 각각, 그때마다, 그 자신에게 문제가 무엇인지를 알게 된다. 여기서 안다는 것은 가능성의 문제일 뿐, 발견하는 것도 아니고 더불어 과정의 단절을 의미하지는 않는다. 즉 이해를 통해 실존 상황이 달리지는 것은 아니다. 실존은 언제나 의심의 연속이다. 그래서 언제나 열어 밝혀져 있어야 한다.

여기서 '도래의 시간성'이 개입하게 된다. "현존재가 자기를 이해하는 바탕에는 그때그때의 가능성에 입각해서 '자기를 향해 도래하는 것'으로서 장래가 놓여있다. 현존재는 언제나 그때그때의 가능성으로서 실존한다. 장래는 자신의 존재 가능 안에서 이해하면서 실존하는 그런 존재자들을 존재론적으로 가능하게 한다."[204)]

이 말을 좀 더 이해하기 쉽게 말하자면 다음과 같다. 현존재의 이해는 자신의 실존 상황을 수용하고 그 수용을 바탕으로 장래(앞으로)를 향한 어떤 토대가 되는 동시에, 그 자체로 현존재의 실존에 중요한 시간성의 근거가 된다는 것이다. 그러므로 당연히 이해의 시간성은 장래를 향하고 있을 수밖에 없다.

204)『존재와 시간 강의』, 소광희 지음, 문예출판사, 2003. 210쪽.

현존재는 장래에 대해 이해가 있음으로 해서 죽음으로의 선구가 가능하고 동시에 염려의 구조에서 본다면 언제나 자기를 앞질러 있게 된다. 그래서 이해의 시간성은 언제나 장래이다.

그러면 '이미 ~내에 있는', 즉 기존성(=과거)의 시간과 몰입해 있는 현재의 시간이 남는다. 하이데거는 현재의 시간을 '순간(Augenblick)'이라 불렀는데 "본래적 시간성에 머무르는, 따라서 본래적인 현재를 우리는 순간이라고 부른다."[205]라고 설명한다. 본래적이라 함은 근본적이며 양심의 부름에 따라 결단한 상황을 의미한다. 그렇다고 순간은 찰나와는 다르다. 순간에 대응하는 비본래적, 현재적 시간성을 하이데거는 '현행화(Gegenwärtigen)'라고 불렀다.

마지막으로 '이미 ~내에 있는', 즉 기존성(=과거)의 시간은 피투성에 근거하여 독자적으로 자기에게 도래함이다. 즉 자기가 이미 있었던 상황으로 되돌아옴이다. 이것을 하이데거는 '반복(Wiederholung)'[206]이라 불렀다. 여기에 대응하는 개념은 '망각(Vergessenheit)'인데 망각이란 존재했던 방식에 따라 존재하는(더하거나 빠짐이 없는) 시간적 상황을 의미한다.[207]

205) SZ 11판, 1967. 338쪽.

206) 이기상은 반복이라고 번역했고, 소광희는 복귀라고 번역한다. 본래 의미는 반복에 가깝다.

207) 앞의 책, 339쪽.

이해의 시간성을 정리하자면 다음과 같다. '회복하는-순간적-장래'와 이에 대응하는 '망각하며-현재화되는-기대'이다. 본래적인가 혹은 비본래적인가는 각각 미래 현재, 그리고 과거의 시간성이 본래적 혹은 비본래적 상황에 따라 달라지며 동시에 각각에 대응하게 된다.

(2) '처해 있음'의 시간성

'처해 있음'에는 언제나 두려움과 불안이 도사리고 있다. 두려움은 존재 내부에 그리고 세계 내부에 언제나 있다. 두려움은 주변(환경 세계로 표현되는) 어디에도 있다. 이와는 달리 불안은 제한적이다. 즉 불안은 죽음을 향해 던져진 세계 안의 존재자로서의 현존재 자체로부터 기원한다.

'처해 있음'은 근본적으로 피투성(즉 던져져 있음)에 근거한다. 그것으로 추론되는 것은 '처해 있음'이 일차적으로는 기존의 상황들이 일정한 시간의 과정을 함축하고 있다. 두려움과 불안이 일차적으로는 '기존성'[208]에 근거한다 하더라도 염려 전체를 통해 두려움과 불안은 각각 독립적으로 시간성을 가진다는 점에서 그 근원을 달리한다.

208) 현존재가 처해 있는 세계, 즉 가용적 존재자들과 전재자들 사이, 거기(Da)에 있어온 지나간 시간성과 공간성 전체를 말함.

두려움의 본질은 비본래적인 '처해 있음'이다. 즉 퇴락하는 일상의 세계에 존재하는 순간 어쩔 수 없이 다가오는 것이다. 단적으로 두려움은 어떤 위협적인 것에 직면하였을 때 실제로 현존재의 존재 가능에 해로움을 줄 수 있다고 여겨질 때 생기는 감정이다. 위협적인 것을 알게 하는 것은 현존재의 일상적인 둘러봄이다. 이를테면 두려움은 비본래적 시간성에 근거한다. 일상 세계에 몰입된 현존재에게 다가올 수밖에 없는 것이 두려움이라는 것이다.

불안 역시도 근본적으로는 '처해 있음'으로부터 나온다. 현존재는 불안을 통해 자신의 피투성에 다가갈 수 있다. 이 사실을 깨닫는 순간 현존재는 세계 안에 있는 존재임을 자각하고 다시 한번 자신의 실존이 새로워지게 된다. 불안의 대상은 세계의 없음이다. 불안의 대상도 이유도 모두 현존재 자신으로부터 비롯된다. 당연히 불안은 장래를 향할 수밖에 없다.

(3) 퇴락의 시간성

하이데거는 퇴락 현상으로 '빈말(잡담)', '호기심', '애매성'을 거론했지만 퇴락의 시간성을 설명하면서 호기심을 주요 대상으로 삼았다. 그 까닭은 호기심에는 퇴락의 특수한 시간성이

가장 쉽고 분명하게 보여질 수 있기 때문이다.[209)]

호기심이란 말 그대로 무엇을 보기 위해 또는 찾기 위해 여기저기 찾아 헤매는 태도다. 찾아서 보려고 하는 것은 현재일 수밖에 없다. 호기심을 비롯하여 퇴락의 현상인 빈말(잡담)이나 애매성 등의 실존론적 의미는 현재에 있다. 현재이어야만 존재자(전재자, 가용적 존재자)와 만나게 되고 존재자는 그로 인해 현재라는 상황에 머물게 되는 것이다. 호기심의 특징은 언제나 아직 보지 못한 것을 준비(찾고)하고 이미 본 것은 잊어버린다(언제나 새로운 것을 찾기 때문에). 항상 그 다음으로 향하는(예비하는) 호기심은 한곳에 머무르지 않는다.

(4) **말의 시간성**

'현(Da)'이 세계를 향해 열어 밝혀지는 계기는 말에 의해 나누어진다.[210)] 따라서 말 자체는 어느 특별한 형태의 시간성(현재, 미래, 과거)을 가지고 있지는 않다.[211)] 따라서 하이데거는 말의 특정한 시간성에 대해서는 언급을 줄이고, 다만 세계에 대하여

209) 『존재와 시간 강의』, 소광희 지음, 문예출판사, 2003, 215쪽.

210) 이를테면 현존재의 발화를 통해 그것이 현존재 자신인지, 가용적 존재자인지, 전재자인지, 아니면 환경세계인지를 파악할 수 있는 것이다.

211) 독일어 'Rede'는 'conversation', 'talk', 'speech', 'address'의 뜻이기 때문에 특정 시제의 문제나 말의 대상에 대한 표현의 방향은 큰 의미가 없다.

열어 밝혀지는 성질의 일반적 시간성을 다음과 같이 요약할 수 있다.

(a) 이해는 일차적으로 장래(기대함, 앞질러 가봄)에 근거한다. 그럼에도 이해(장래적인)는 그때마다 기존의 현재이다.

(b) 처해 있음은 일차적으로 회복이나 망각으로 시간성을 가지게 된다. 그럼에도 기존의 처해 있음은 현재화된 장래로서 시간성을 가진다.

(c) 퇴락은 시간상으로는 일차적으로 현재에 뿌리박고 있다. 그럼에도 퇴락적 현재는 기존적 장래로부터 멀어지듯이 나타나거나, 또는 그것에 의해 지탱되고 있다.

일반적으로 시간화를 겪는다고 해서 과거, 현재, 미래가 순서대로 일어나지는 않는다. 설사 장래라고 하더라도 기존성보다 더 이후가 아니며, 역시 기존성이 현재보다 더 이전도 아니다. 시간성이란 '기존의-현재화된-장래'로 나타난다.[212] 이를테면 지극히 병렬적 작용이라는 것이다.

212) SZ 11판, 1967. 350쪽.

2) 세계-내-존재의 시간성과 세계의 초월

지금까지의 서술을 통해 우리는 세계-내-존재의 시간성을 확인하였다. 마침내 우리는 세계의 시간성을 살펴보아야 하는 단계에 이르렀다. 세계의 시간성 고찰을 위해서는 현존재가 만나는 가용적 존재자와 '둘러보면서 관계 맺는'[213] 시간성에 대해 검토해 보아야 한다. 하이데거는 이 지점에서 그 '둘러보면서 관계 맺음'을 학문적 탐구의 가능성으로 탐색하려 한다.

탐색의 과정에서 생겨난 하이데거의 의문은 다음 몇 가지로 요약된다. 세계와 같은 것이 어떻게 가능한가? 세계는 어떤 의미로 있는가? 세계는 무엇을 어떻게 초월하는가? 세계내부의 존재자가 어떻게 초월하는 세계와 함께 연관되는가?[214] 그 질문에 대한 논의로 하이데거는 다음 세 가지를 고찰한다.

(1) 둘러보는 배려의 시간성

여기서는 적소성[215]의 문제를 다루는데 적소케 함에서, '어디

213) 'des umsichtigen Besorgens'를 이기상은 '둘러보는 배려함'이라고 번역하고, 소광희는 '배시의 배려함'으로 번역하는데 그 의미는 '신중하게 천천히 살피며(존재=가용적 존재자 혹은 전재자) 관계를 고민하는' 정도로 번역될 수 있다.

214) 『Sein und Zeit』, M. Heidegger, 이기상 역, 까치, 1998, 463쪽.

215) 적소성은 가용적 존재자가 있어야 하는 장소라는 의미로 사용된다.

에'는 '무엇을 위해'라는 성격을 가진다. 여기서 문제가 되는 것은 '무엇을 위해'인데 이것은 '어디에'를 위한 장래의 시간적 구조를 가지게 된다. 이를테면(망치를 예로 들어) '무엇을 위해'를 '못을 박기 위해'로 본다면 '어디에'는 그 못이 필요한 곳이 되는데 '무엇을 위해'라는 단서는 '어디에'와 연결되어 장래를 향하는 시간성을 가지게 되는 것이다.

(2) 둘러보는 배려가 세계내부적인 눈 앞의 것의 이론적인 인식으로 모습을 바꾸게 되는 시간적 의미

하이데거는 비현존재적 존재자를 '전재자'와 '가용적 존재자'로 구분한다. 현존재가 일차적으로 만나는 것은 가용적 존재자이다. 이 상황에서 이론적 인식, 즉 학문 연구는 현존재의 존재방식의 하나이다. 이때 학문 연구는 존재자를 가용적 존재자로 대하지 않고 주관성의 배제라는 태도 탓에 전재자로 취급한다. 여기에서 문제는 '현존재가 이론적 인식으로 받아들일 수 있는 실존론적 조건들은 (현존재의 인식의 틀 속에서) 무엇인가?' 하는 문제이다.

이것은 다시 세 가지로 구분되는데 첫째, 가용적 존재자에 대한 둘러보는 배려의 연구와 그 시간성 문제이다. 여기에 등장하는 개념이 '고찰'과 '전망'이다. 고찰이란 '～이면 ～이다.'로 표현되는데 이미 가지고 있는 것을 숙고하는 태도이며 이를 통해 장래를 전망하고 그것을 다시 현재화시키는 것이다.

둘째, '둘러보는 배려가 학문(이론적 체계)으로 변화할 수 있는가?'이다. 하이데거는 망치를 예로 들어 설명한다.[216] 예컨대 '이 망치는 무겁다'는 말은 두 방면으로 해석될 수 있다. '이 망치는 가볍지 않다', '이 망치를 쥐는 데는 힘이 든다', '조작하기가 어려우므로 다른 망치로 바꿔야겠다' 등 실존론적(배려적)으로 해석하는 것이다.

다른 또 하나의 방면은 '이 망치는 중량이라는 경향을 가지고 있다', '그것은 받침대에 압력을 가하고 있어서 받침대를 제거하면 낙하한다'고 해석하는 것이다. 망치를 질량적 존재자로 보는 것은, 그것을 작업도구로서가 아니라 중량의 법칙하에 있는 존재자로서 주목하는 것이다. 그것은 가용적 존재자(망치)를 전재자(환경세계)로 새로이 인식하는 것이다.

이때 존재이해에 전환이 일어난다. 망치를 가용적 존재자로 이해할 때의 적소성으로서의 '자리(망치가 놓여 있는 자리)'는 이제 '시공時空'상의 위치가 되고, 다른 점과 비교해서 아무런 특성

216) SZ 11판, 1967, 360쪽.

도 없는 '세계世界의 점点(Weltpunkt)'[217]이 된다. 이것은 가용적 존재자의 자리 다양성이 순수한 위치(전재자)의 다양성으로 바뀔 뿐 아니라, 환경세계의 존재자는 모조리 한계를 잃게 된다. 여기에서는 적소성의 의미는 사라지고 만다.

셋째, 전재자에 대한 학문 연구의 시간성 문제이다. 전재자의 연구를 선도하는 것은 특히 수학적 물리학이다. 이것은 자연을 수학적으로 기획 투사하는 것이다. 이 과학적 기투 행위의 전체, 즉 존재이해를 항목화하여 그로부터 인도되는 영역의 획정 및 존재자에 적합한 기투 행위를 '주제화'라 부르고 동시에 '객관화'라고 한다. 이 두 성질의 기초는 현재화에 있을 수밖에 없다. 즉 과학의 발견작용은 현재 환경세계에 존재하는 전재자의 피발견성에 기초하기 때문이다.

(3) 세계의 초월의 시간적 문제

(a) 세계의 초월

가용적 존재자에 대한 현사실적 배려나 전재자에 대한 인식적 주제화 등은 이미 세계라는 개념을 전제하고 있다. 현존재

217) 같은 책, 362쪽, 세계에 존재하는 미세한 부분, 또는 점.

는 선험적으로 존재이해를 가지고 있다. 즉 현존재는 세계에 대하여 열려 밝혀져 있다. '현존재에게는 세계가 열려 밝혀져 있지 않으면 안 된다. 현존재가 본질적으로 세계-내-존재로서 실존한다면, 세계는 현존재의 현사실적 실존과 함께 열려 밝혀지는 것이다.[218)]

'현(Da)'의 열려 밝혀져 있음 속에는 세계도 함께 열려 밝혀져 있는 것이다. '세계 내부적 존재자가 세계를 근거로 해서 만날 수 있기 위해서는 그 세계는 이미 탈자적[219)]으로 열려 밝혀져 있지 않으면 안 된다.[220)] 다시 말하면, 세계는 존재자를 만날 수 있기 위해 선행적으로 개시되어 있는 기반이다. 하여 세계는 초월적[221)]이다. 즉 현존재가 없는 세계도 없고, 세계 없는 현존재도 없다.[222)]

---

218) 앞의 책, 362쪽.

219) 그 상태를 벗어나서.

220) 같은 곳.

221) 하이데거가 말하는 초월적이라는 말은 칸트가 사용한 초월(transcendental) 개념과는 조금 다르다. 칸트의 초월은 '인간이 경험을 가능하게 하는 조건들에 대한 탐구'를 의미한다. 즉 '경험과 인식이 성립할 수 있도록 하는 선험적 조건(a priori conditions)에 대한 탐구를 의미한다. 하이데거가 여기서 '초월적'이라고 하는 것은 세계가 단순한 사물들의 집합이 아니라, 현존재가 항상 그 안에서 의미를 형성하고 존재를 이해하는 장場이라는 것을 의미한다.

222) 『존재와 시간 강의』, 소광희 지음, 문예출판사, 2003, 225쪽.

(b) 세계의 시간성

현존재는 피투적 존재로서 현실적으로 자기 자신을 궁극목적으로 해서 실존한다. 현존재의 존재에는 염려가 핵심이다. 염려의 존재론적 의미는 시간성이다. 본래적이든 비본래적이든, 거기에서 '자기를 위해'라는 궁극목적성이다. 현존재가 던져진 자로서 처해 있음 속에서 자기 자신에게 개시되는 그 도식을 우리는 피투성이 마주치는 그것 또는 내맡겨지는 '거기'로 파악한다.[223] 이것은 하이데거의 '지평적 구조(horizontale Schema)'[224]의 특징이다. 즉 현존재는, 던져진 자로서 자기 자신에게 맡겨진 채, 자기 자신을 궁극목적으로 해서 실존하고 동시에 현재에 있다.

223) SZ 11판, 1967, 364쪽.

224) 하이데거의 '지평적 구조'는 칸트의 비교적 단순한 인식론적 도식 개념을 확장하여, 존재가 시간 속에서 해석되는 방식을 설명하고 있다. 즉 존재는 고정된 것이 아니라, 시간 속에서 의미가 형성되고 변화하는 과정으로 파악해야 함을 단적으로 표시한 개념이다.

12. 결론으로서의 요약(현존재, 현존재의 염려, 시간성 및 현존재의 본래성과 비본래성)과 비교[225)]

♣ 현존재의 구조계기는 근본적으로 기투이며 세계-내-존재에서는 피투적 현사실성을 지니며 퇴락하는 존재다.

♣ 현존재의 존재양식은 실존이며 역시 세계-내-존재에서는 피투적 현사실성을 지니며 퇴락하는 존재다.

♣ 현존재의 열려 밝혀져 있음은 이해에 기초를 두고 세계-내-존재적으로는 처해 있음이며 언어로 퇴락해 간다.

♣ 염려란 언제나 자신을 앞질러 있음이며 세계-내-존재적으로는 이미 안에 있음이며, 동시에 존재자는 몰입해 있다.

♣ 현존재의 시간성 역시 장래를 향하고 있으며 세계-내-존재적으로는 기존에 머물러 현재를 유지한다.

♣ 본래적 시간성이란 장래를 향하지만 세계-내-존재적으로는 기존의 뿌리를 두고 그 순간, 또는 현재에 머문다.

225) 『존재와 시간 강의』, 소광희 지음, 문예출판사, 2003, 262쪽.

♣ 비본래적 시간성이란 기대에 근거하며 세계-내-존재적으로는 보유와 망각을 동시에 겪게 된다. 그리고 언제나 현재에 있다.

♣ 현존재의 본래성과 비본래성의 본질은 기투(기획투사)이자 죽음으로의 선구이며 세계-내-존재적으로는 양심에 의한 결단을 수반한다(여기까지는 본래성). 하지만 동시에 현사실적으로 퇴락해 간다(이것은 비본래성).

◈ 보충학습 2

《실존 철학과 불교의 관계》

◇ 실존 철학 이전의 고민

- '자아' 및 '실체'에 대한 고민

밀린다팡하(Milinda Pañha 또는 밀린다왕문경)은 헬레니즘계 왕조인 인도-그리스 왕국의 국왕 메난드로스 1세(밀린다왕)가 인도 수도승 '나가세나'(Nāgasena, 기원전 150년경 전후)에게 질문을 대화형식으로 정리한 글이다. 그중에서 밀린다왕이 나가세나의 설명 중 가장 이해가 어려운 것으로 무자성無自性[226)]의 이야기를 꼽을 수 있다. 이유는 고대 그리스의 실체론적 사유에 익숙했던 밀린다왕에게 실체가 없다는 무자성의 세계는 듣도 보도 못한 세계였을 것이다.[227)]

서양에서 이 실체성에 대한 고민은 서양 근대철학에 이르러서야 비로소 논의되고 또 완성된다. 당연한 이야기지만 중세를

226) 무자성無自性: 반야경에서 말하는 무자성無自性은 고정 불변하는 자성自性이 없다는 공관空觀과 동의어이다. 즉 모든 현상은 여러 인연의 일시적인 화합에 지나지 않으므로 거기에 불변하는 실체가 없다는 것이다. 즉 서양적 실체와는 완전히 다른 방향의 이야기다.

227) 『The Debate of King Milinda Edited by Bhikkhu Pesala Previously Published by Inward Path Penang Malaysia』, 2001. 159쪽.

지배했던 분명한 생각은 '인간은 신의 피조물'로서 그 어떤 정체성도 허락되지 않았다. 따라서 당연히 '자아'는 실체의 범위에 들 수 없었다. 그러나 데카르트에 이르러서 '나는 생각한다. 고로 존재한다'는 시작으로 '나'라는 정체성을 '생각하는 실체(res cogitans)'로 규정하기 시작했다. 동시에 '사물'은 일정한 장소를 차지하고 있는 '연장延長(res extensa)'의 실체로 파악한다. 천 년 이상 혼재되어 있던 '나'와 '사물'을 이렇게 독립시킴으로써 두 개의 독립적 실체가 성립된 것이다. 즉 '나'는 '사물'과, '사물'은 '나'와 일정한 관계를 유지하지만 거의 독립적으로 존재하는 실체가 된 것이다.

데카르트를 중심으로 하는 대륙의 합리론은 '자아'를 하나의 실체로 파악한다.[228] 합리론을 주장하는 사람들마다 실체 개념을 약간은 다르게 정의하면서도 '자아'를 실체로 규정하는 것은 다르지 않다. 반면 영국 경험론자들은 합리론의 생각을 정면으로 반박한다. 예를 들어 버클리[229]의 경우 실체를 이렇게 정의한다. 우리가 지각하는 것만이 실체이며, 지각하지 못하는 것의 실체는 없다, 즉 "존재하는 것은 지각되는 것이다(Esse est percipi = It is perceived to be)"라는 명제로 요약될 수 있는 '비물

228) 『중학교 철학』 3, 김준식 지음, 교육과학사, 2024. 91쪽 이하 참조.

229) 조지 버클리(George Berkeley, 1685년~1753년): 영국계 아일랜드의 철학자, 과학자, 성공회 주교이다. 정신적인 것을 제외한 모든 것은 감각기관에 의해 지각되는 경우에만 존재한다고 주장하는 극단적 경험론(Empiricism)자로 유명하다.

질론(immaterialism)'자로 분류된다.[230] 당연히 지각되지 못하는 '자아'는 실체의 범위에 있을 수 없다. 흄[231]에 이르러서는 아예 '자아'를 '실체'의 그림자도 아니라고 단언했다. 그는 나의 마음 속을 가득 메우고 있는 여러 가지의 경험의 다발에 그저 '나'란 이름을 붙였을 뿐이라고 정의한다.[232] 결론적으로 '자아'는 경험될 수 없는 것이므로 실체라고 말할 수 없는 것이다.

- 상견론常見論과 단견론斷見論[233]

'나'와 '세상'을 바라보는 사람들의 생각에는 두 가지 견해가 있을 수 있다. 즉 '나'와 세상은 영원하다고 여기는 '상견常見'과 그 반대인 '단견斷見'이 있다. 상견의 입장은 이러하다. 즉 인간은 죽지만 '자아自我'는 없어지지 않으며, '오온五蘊'[234]은 과거

230) 『중학교 철학』 3, 김준식 지음, 교육과학사, 2024. 126쪽.

231) 데이비드 흄(David Hume, 1711년~1776년): 스코틀랜드 에든버러 론마켓 주변에서 태어난 계몽주의 철학자, 역사가, 경제학자, 사서, 수필가. 철학적으로는 극단적인 경험주의자이자 중립적인 회의주의자로 알려져 있다.

232) 『Philosophical Essays Concerning Human Understanding』, David Hume, 제2부 Of the Origin of Ideas(생각의 기원), 25쪽.

233) 상견론常見論(Śāsvatavādin)과 단견론斷見論(Ucchedavādin)은 안혜安慧(475년~555년)가 지은 유식학 논서인 대승광오온론大乘廣五蘊論에서 설명되는데, 불교의 기본적인 인식에 대한 관점이다. 대승광오온론은 세친世親(316년?~369년?)의 대승오온론大乘五蘊論의 주석서이다.

234) 오온五蘊: 산스크리트어 panca-skandha, '온蘊'이란 산스크리트어 스칸다(skandha)의 번역으로서 덩어리, 무더기, 혹은 집합(적취積聚)을 의미한다. '오온'은 불교의 인간관으로서 불교에서는 인간을 색色, 수受, 상想, 행行, 식識의 '오온'으로 관찰한다. 이 다섯 감각기관이 감각과 인식의 근본이 된다는 의미에서 오근五根이라고도 한다. 여

나 미래에 항상 머물러 불변해 끊어지는 일이 없다라고 주장한다. 반면 단견斷見에서는, 나와 세상은 허무 속으로 사라질 뿐이라는 허무론에 빠지는 약간은 극단적인 견해이다. 초기불교에서 빼놓을 수 없는 가르침이 상견과 단견인데, '연기법'[235]에서는 상견도 단견도 아닌 중도를 말한다. 이를테면 데카르트는 상견, 즉 없어지지 않는 '자아'를 인정한다. 반면 버클리나 흄은 단견, 즉 '자아'는 실체가 없는 아무것도 아니라는 입장이다. 돌연 혼란스러워진다. 도대체 '자아'는 무엇인가? '자아'를 고정된 실체라고 이야기하면 오히려 지속적 흐름에 가깝고 지속적 흐름이라고 이야기하자니 멈춰있는 뭔가에 가깝다. 있다고 하자니 없고 없다고 하자니 확연하게 있다. 이 상황을 불교는 이렇게 설명한다.

불교에서 자아를 설명하는 말 중에 '진공묘유眞空妙有'라는 표현이 있다. 변화하지 않는 고정된 실체는 어디에도 없다. 모든 존재는 인연에 의하여 오고 또 간다. 분명히 현상으로는 작용하지만 고정된 실체는 없다. '진공'은 말 그대로 '참다운 공'

기서 색은 몸이고, 수, 상, 행, 식은 생각인데, 결국 '오온'이란 인간 육체와 정신의 구성요소이자, 생존해 움직이는 정신적인 활동과 육체적 활동 모두를 말한다.

235) 연기緣起(patītyasamutpāda): 모든 현상은 무수한 원인因(hetu)과 조건緣(pratyaya)이 상호 관계하여 성립되므로, 독립, •자존적인 것은 하나도 없고, 모든 조건, •원인이 없으면 결과果(phala)도 없다는 논리. 나아가 일체현상의 생기소멸生起消滅의 법칙을 연기라고 한다. 그 간단한 형태는 '이것이 있으면 그것이 있고, 이것이 생기면 그것이 생긴다. 이것이 없으면 저것이 없고, 이것이 멸하면 저것도 멸한다'는 등으로 표현된다.

이다. '묘유'는 '묘하게 존재함'을 의미하는 것이다. 완전한 공은 단순한 허무가 아니라, 만물이 그렇게 존재하다가 사라진 것이다. 공의 그러한 형성작용을 '진공묘유'라 한다. 있음有에서 없음無을 보고, 없음無에서 있음有을 보는 것이다. 반야경의 '색즉시공色卽是空 공즉시색空卽是色'[236]의 경지다.

하지만 플라톤 이후 이분법으로 굳어져 온 서양적 사고에서는 이러한 이야기를 쉽게 받아들일 수 없었다. 헤겔[237]에 이르러 변증법이라는 새로운 방법으로 이 문제를 극복하려고 했지만,[238] 오히려 '자아'를 절대화시키는 방향으로 나아가고 말았다. 이를테면 헤겔은 '자성自性'과 '무자성無自性'의 세계에 다가서지도 못하였고, 더불어 연기의 실상을 깨닫기에는 분명한 한계를 가지고 있었다.

236) 색즉시공色卽是空 공즉시색空卽是色: '반야심경'의 색즉시공色卽是空 공즉시색空卽是色이란 물질은 마침내 사라져 공한 것이고, 사라져 공한 것으로부터 눈에 보이고 손에 만져지는 물질로 순환한다. 그래서 물질이 텅 빈 공과 다르지 않고, 텅 빈 공이 물질과 다르지 않다.

237) G. W. F. 헤겔(Georg Wilhelm Friedrich Hegel, 1770년~1831년): 궁정 관리의 장남으로 태어나 일곱 살에 김나지움에 입학. 열여덟에 김나지움을 우수한 성적으로 졸업하고 튀빙겐 신학교에 들어갔으나 따분한 그리스도교 정통파의 교리 강의와 강압적인 생활 방식에 싫증이 나 철학에 관심을 가지기 시작한다. 특히 열아홉에 발발한 프랑스 혁명은 그가 이성과 자유에 대한 굳건한 믿음에 바탕을 둔 철학을 자신의 과제로 삼는 데 하나의 단초가 된다. 서른한 살에 그의 학문을 꽃 피운 예나 대학에 입성해 그의 대저작들의 기점인 〈피히테와 셸링의 철학 체계의 차이〉라는 논문을 발표한다. 여기에서 그는 관념론 논쟁을 본격적으로 다루면서 자신의 철학의 기본 방향을 제시한다. 1807년 『정신현상학』(Phaenomenologie des Geistes7)을 발표한다. 마흔 여섯에 하이델베르크 대학의 정교수가 된다.

238) 『중학교 철학』 2, 김준식, 교육과학사, 2023. 121쪽.

◇ 세계-내-존재, 현존재, 그리고 상분, 견분, 자증분, 증자증분

- 상분, 견분, 자증분, 증자증분

실존 철학의 이야기를 하려다 보니 인식론과 겹치는 부분이 있다. 특히 하이데거의 '현존재'와 불교에 대한 분석은 불교 유식론과의 상관관계를 밝혀야 하는데 여기에 인식의 문제가 개입된다. 이를테면 유식불교에서 말하는 인식의 4단계 성립과정은 실존 철학의 '현존재'에 대한 중요한 근거로 작용한다. 유식 불교에서는 인식을 견분, 상분, 자증분, 증자증분[239]의 4단계로 구분한다. 이것이 하이데거의 세계인식, 즉 세계-내-존재와 그리고 현존재와는 어떤 상관 관계를 가지는지에 대해 간략히 알아보자.

먼저 상분相分(외부 대상)이란 마음이 외부 세계를 인식할 때 나타나는 대상의 형상 또는 외부 세계로서 우리가 인식하는 '대상'이 실제로 외부에 있는 것이 아니라, 우리의 의식이 만든 마음의 형상이라고 본다. 예를 들면 눈에 보이는 사물, 귀로 들리는 소리 등이다. 이를테면 가용적 존재자[240]에 대한 현존재의 인식의 과정과 유사하다.

239) 해심밀경 3품 심의식상품心意識相品 참조.

240) 본서 8. 기타 개념들, 4) 존재자의 기용성 이하 참조.

견분見分(인식 작용)은 대상을 인식하고 바라보는 주체적 작용으로서 상분(대상)을 인지하는 역할이다. 상분이 인식할 때 나타나는 형상이라면, 견분은 그 형상을 '바라보는 주체'다. 예를 들면 눈으로 사물을 본다는 행위 자체를 말한다. 현존재와 가용적 존재자, 그리고 세계와의 배려 및 배시에 대한 작용과 유사하다.

자증분自證分(자기 증명)은 견분(인식 주체)을 자기 스스로 증명하는 작용, 즉 견분이 상분을 바라본다는 사실을 스스로 자각할 수 있는 의식의 층위다. 예를 들면 '내가 지금 무엇을 보고 있다'라는 자기 인식인데 현존재가 세계-내-존재임을 개시(열어 밝히는)하는 작용과 유사하다.

마지막으로 증자증분證自證分(자기 증명의 증명)인데, 자증분이 참된지 스스로 증명하는 작용, 가장 고차원의 의식 작용으로, 자기 존재와 의식의 진실성을 확인하는 역할, 이는 의식의 궁극적인 확인 단계다. 예를 들면 '내가 지금 무엇을 보고 있다고 느끼는 것이 참으로 진실하다'라고 확인하는 의식이다. 가용적 존재자와 현존재의 관계를 파악하는 단계의 인식작용으로 파악될 수 있다. 이것을 제8식 아뢰야식[241]에 비유하기도 한다.

241) 8식八識(산스크리트어, aṣṭavijñāna): 마음을 구성하는 안식 · 이식 · 비식 · 설식 · 신식 · 의식 · 말나식 · 아뢰야식의 8가지의 식識을 말하고 이 중 제8식인 아뢰야식阿賴耶識은 산스크리트어 알라야 비즈냐나(ālaya vijñāna)의 음차이다. 아뢰야식이란 법상종에 의하면 우주만물의 근본으로 본다. 당의 현장은 이를 장藏식이라 불렀다.

– 'Da-sein', 그리고 'Da'

현-존재(Da-sein)의 '현(Da)'은 근본적인 열림(diese wesenhafte Erschlossenheit)[242)]을 말한다. 자기의 존재에 대한 관심을 가지는 유일한 존재인 현존재는 자신의 현(Da-나타냄, 열어서 밝힘)으로 세상에 존재하고 있는 것이다. 즉 현존재는 선험적으로 자신의 존재에 대한 이해를 가지고 있고 그로부터 열어 밝히고 있다(현 존재의 개시성). 이것을 유식학적으로 해석한다면 유식학의 심식心識과 유사한 부분이 있다.[243)]

초기불교에서 심식心識(산스크리트어, citta-vijinana)은 죽음으로 육신에서 벗어나는 옷이라고 생각했다. 따라서 초기의 불경에서 영혼이나 넋을 '심식'으로 표현하기도 한다. 부파불교 시대가 되면서 특히 소승불교에서는 심心과 식識을 동체이명同體異名이라 했다. 하지만 대승불교의 갈래인 유식唯識에서는 '심'과 '식'을 따로 나누어 제8식을 '심', 전5식과 제6식은 '식'이라고 규정했다. 그리고 인식하는 주체에 해당하는 마음속의 인식작용, 즉 마음작용을 심식心識이라고 불렀다.

242) SZ 11판, 1967. 130쪽. 처음부터 세계를 향해 열려 있는 상황, 즉 우리의 일상 속에서 언제 파악될 수 있는 상태 또는 상황.

243) 『하이데거와 마음의 철학』, 김형효, 청계, 2001. 408쪽.

유식에서는 인간의 정신과 물질 등 주체인 우리 안과 밖의 모든 것이 오직 심식心識에 의해 창조되며 이 심식을 떠나서는 결코 존재할 수 없다고 한다. 구체적으로는 유정有情이 지니고 있는 여덟 가지 심식心識, 즉 안식眼識, 이식耳識, 비식鼻識, 설식舌識, 신식身識, 의식意識, 말나식末那識, 아뢰야식阿賴耶識 등의 8식을 '심식'으로 규정한다. '심식'은 인식의 주체로서 대상의 내용과 모습을 파악하는 능력을 가지고 있다. 그러므로 유식학에서는 '심식'은 분별, 나아가 갈래지움의 성질을 지니고 있다고 해석한다. 만약 '심식'이 적멸한다면 그것이 곧 깨달음, 정각正覺이라고 생각할 정도였다.

- 심식, 그리고 견분, 상분

심식은 우리 마음의 현상화다. 그 현상화가 상분으로서의 세상이다.[244] 이 말을 설명하면 다음과 같다. 심식은 우리가 외부세계를 향해 가진(주체적으로 본다면 열어 밝혀진) 마음자리를 파악할 수 있게 하는 매우 중요하고 유익한 수단이다. 즉 육체를 가진 우리가 감각을 통해(즉 8식의 과정 전체를 통해) 자신과 사물과의 관계를 규정하고 그 규정의 방향으로 대상의 형상화를 자신의 심식 안에서 구성하는 작용이며 그 작용의 결과가 곧 세

244) 앞의 책, 같은 곳.

계라는 것이다. 따라서 세계-내-존재의 배려로 나타나는 모든 작용은 심식의 작용이며 동시에 실체로 존재하는 것이라기보다는 마음속에서 구성되는 세계일 수 있다는 것이다.

여기에 견분이 작용하면 상분은 오직 견분의 대상으로 자리잡는다. 즉 현존재의 대상을 인식하고 바라보는 주체적 작용(견분)은, 실재한다고 믿는 외부의 대상이 어쩌면 우리의 의식이 만든 마음의 형상(상분)일 수 있다는 것이다. 즉 어떤 주체적 작용(견분) 없이는 어떤 대상이나 형상(상분)도 존재할 수 없다는 결론에 이른다.

참고문헌

[국문]

강대석,『서양근세철학』, 서광사, 1987.

고바야시 쇼헤이,『그래서 철학이 필요해』, 김복희 역, 쌤엔파커스, 2019.

곽철환,『시공 불교사전』, 시공사, 2003.

로저 스크런튼,『스피노자』, 정창호 역, 시공사, 2000.

루트비히 비트겐슈타인,『논리-철학 논고』, 이영철 역, 책세상, 2020.

르네 데카르트,『제일철학에 관한 성찰』, 이현복 옮김, 문예출판사, 2021,

마르틴 하이데거,『존재와 시간』, 이기상 역, 까치 2012.

소광희,『존재와 시간 강의』, 문예출판사, 2022.

스피노자,『데카르트 철학의 원리』, 양진호 역, 책 세상, 2020.

스피노자, 개정판『에티카』, 강영계 역, 서광사, 2018.

신승철, 이윤경,『철학의 참견』, 서해문집, 2016.

안상헌,『미치게 친절한 철학』, 행성B, 2019.

용수,『중론』, 구마라습 한역, 가츠라 소류, 고시마 기요타카 편역, 배경아 역, 불광출판사. 2016.

용수,『중론송』, 중론권제일, 관인연품제일, 지음, 구마라습 한역, 2019.

이남인,『통섭을 넘어서』, 서울대학교출판문화원, 2015.

이명곤,『키르케고르 읽기』, 세창미디어, 2015.

칸트,『순수이성비판』, 최재희 역, 박영사, 2021.

키르케고르,『공포와 전율』, 임춘갑 역, 도서출판 치우, 2011.
『불안의 개념』, 임춘갑 역, 다산글방, 2015
『이것이냐 저것이냐 제1부 〈상〉』, 임춘갑 역, 다산글방, 2015
『이것이냐 저것이냐 제1부 〈하〉』, 임춘갑 역, 다산글방, 2015
『이것이냐 저것이냐 제2부 〈상〉』, 임춘갑 역, 다산글방, 2015
『이것이냐 저것이냐 제2부 〈하〉』, 임춘갑 역, 다산글방, 2015
『죽음에 이르는 병』, 임춘갑 역, 다산글방, 2015

[영문]

『공포의 개념 The Concept of Dread』 Trans. Walter Lowrie, Princeton, N.J.: Princeton University Press, 1957. Vigilius Haufniensis.

『두려움과 떨림 Fear and Trembling』 (with The Sickness unto Death). Trans. Walter Lowrie, Garden City, N.Y: Doubleday Anchor Books, 1954. Johannes de silentio.

『두려움과 떨림 Fear and Trembling』 Trans. Alastair Hannay, New York: Penguin Books, 1985.

『반복 Repitition』 (with Fear and Trembling). Trans. Howard V. Hong and Edna H. Hong, Princeton, N.J.: Princeton University Press, 1983. Constantin Constantius.

『불안의 개념 The Concept of Anxiety』 Trans. Reidar Thomte and Albert B. Anderson, Princeton, N.J.: Princeton University Press, 1980.

『아이러니의 개념 The Concept of Irony』 Trans. Lee M. Capel, Bloomington, Indiana: Indiana University Press, 1968.

『요하네스 클리마쿠스, 모든 것을 의심해야 한다. Johannes Climacus, or De Omnibus Dubitandum Est.』 Trans. T.H. Croxall, London: Adam & Charles Black, 1958. [1842-1843, published posthumously, Johannes Climacus.

『이것이냐 저것이냐 Either/Or』 Vols. I & II. Trans. David F. Swenson and

Lillian Marvin Swenson, Garden City, NY: Doubleday Anchor Books, 1959. edited by Victor Eremita, Vol. I written by "A," Vol. II written by "B," a.k.a. Judge Wilhelm.

『이것이냐 저것이냐 Either/Or』 Trans. Howard V. Hong and Edna H. Hong, Princeton, N.J.: Princeton University Press, 1987.

『인생길의 여러 단계 Stages on Life's Way』 Trans. Walter Lowrie, N.Y.: Shocken Books, 1967. William Afham, Judge Wilhelm, Frater Taciturnus, Quidam, edited by Hilarius Bookbinder.

『죽음에 이르는 병 The sickness unto Death』 Trans. Howard V Hong and Edna H. Hong. Princeton, NJ: Princeton University Press. 1980.

『죽음에 이르는 병 The sickness unto Death』 (with Fear and Trembling). Trans. Walter Lowrie, Garden City, N.Y.: Doubleday Anchor Books. Anti-Climacus.

『철학적 단편 Philosophical Fragments』 Trans. David Swenson and Howard V. Hong, Princeton, N.J.: Princeton University Press, 1967. Johannes Climacus.

Clarke, Desmond M, 『Descartes: a biography』, New York: Cambridge University Press, 2006.

[독문]

M. Heidegger, 『Sein und Zeit』, Elfte, unveränderte Auflage. MAX NIEMEYER VERLAG TÜBINGEN 1967(11판)

찾아보기

[인명]

[내용]

저자 소개를 대신하여

온전히 나의 이름을 내세운 책 출판이 이제 다섯 번째다. 이 나라 변방에서 내세울 것 없는 무명의 교사가 감히 철학을 들먹이며 책을 쓰고 있으니 더러 비웃는 것도 그리 무리는 아니다.

언제나, 그리고 모든 일에 엄밀한 관찰자로 살면서 사태를 엄밀히 보고 그 엄밀함과 면밀함의 기초 위에 성실함으로 구축되는 나의 앎에 대한 작업은, 이미 그런 비웃음에 흔들리기에는 지나치게 견고하다. 엄청난 자기애다. 인정한다.

중학교 철학 4권은 실존에 대한 이야기다. 그중에서도 키르케고르와 하이데거 달랑 두 명에 대한 이야기다. 그들의 저작을 통해 실존의 모호함을 밝혀내기 위해 접근하였으나 교정을 위해 전체를 통독해 보니 오히려 더욱 모호해진 느낌도 없지는 않다.

하지만 나름의 논리로, 두 사람이 애써 이야기하고자 했던 실존의 껍질 정도는 살짝 벗겨낸 느낌이다. "그래 이것이 실존이지!"라고 파악할 정도의 내용은 불가능하지만(사실 실존은 그럴 수 있는 내용은 아니다.) 어쩌면 이것이 실존으로 향하는 희미한 빛일지도 모르겠어…… 정도의 이야기가 딱 이 책의 느낌이다. 그래서 등대라는 부제가 필요했는지도 모르겠다.

지난해 12월부터 올 2월까지 약 세 달 동안 글 쓰기의 주제와 감을 잃지 않으려고 노력했다. 멀리 여행을 가거나, 하루 정도 책을 보지 않거나, 이틀 정도 글을 쓰지 않는 일이 없도록 스스로 긴장을 유지했고, 그 덕분에 3월 중순에 스스로 정해 놓은 목차를 완성할 수 있었다. 어차피 나는 나의 한계를 잘 알고 있다. 현재 나의 능력으로 이 이상을 쓰지 못한다는 것을 잘 알고 있음에도 써 놓고 보니 아쉬운 부분이 많다. 좀 더 많은 자료가 필요했을 수도 있고 좀 더 깊이 고민해야 할 필요성도 보이기는 한다. 하지만 이번에는 딱 여기까지다.

5권은 타자他者 이야기로 채울 예정이다. 다시 엄밀한 독서와 면밀한 고민이 필요한 시기다.

2025년 3월 24일 진주고등학교 교무실에서 중범 김준식

중학교 철학 4

2025년 5월 20일 1판 1쇄 인쇄
2025년 5월 25일 1판 1쇄 발행

저　자 • 김준식
발행인 • 한정주
발행처 • 교육과학사

경기도 파주시 광인사길 71
전화 • 031)955-6956~8 / 팩스 031)955-6037
Home-page • http://www.kyoyookbook.co.kr
E-mail • kyoyookbook@daum.net
등록 • 1970년 5월 18일 제2-73호

정가 17,000원

ISBN 978-89-254-1910-7

낙장·파본은 교환해 드립니다.
Printed in Korea.